ediciones**carena**

Primera edición: junio de 2014

© Josep María Triginer Fernández
© Ediciones Carena
c/ Alpens, 8
08014 Barcelona
Tel. 934 310 283
www.edicionescarena.com
info@edicionescarena.com

Diseño cubierta: Cristina Alujas
Fotografía de solapa: Edu Membrive
Maquetación: Génesis Yeje Minaya
Corrección: José Membrive
Depósito legal: B 12803-2014
ISBN: 978-84-16054-27-5

# SOCIEDAD POSCAPITALISTA

*De una sociedad gestionada por los mercados*
*a una sociedad dirigida por los ciudadanos*

JOSEP M. TRIGINER FERNÁNDEZ

# Prólogo

Cuando se secuestra la política en nombre del dinero, cuando asistimos a una progresiva degradación de las instituciones y la incertidumbre se impone sobre la confianza institucional, ha llegado la hora de cuestionarse el funcionamiento de la sociedad, porque su evolución ha dejado de depender de las decisiones democráticas de sus ciudadanos.

Las tensiones sociales, la aceleración de los acontecimientos y la reconsideración de prioridades que observamos y sufrimos en la actualidad, son rasgos semejantes a los vividos durante la Transición política española, diferenciándose en que:

- La crisis actual tiene una amplitud superior, desbordante.

- En la actualidad desconocemos el rumbo a seguir.

- Los españoles percibimos más amenazas que esperanza.

En vez de imaginar un futuro ideal, diseñemos el presente con criterios racionales y pragmáticos

- Las medidas adoptadas o exigidas, no producen los efectos previstos.

Cuando entra en crisis el modelo de sociedad, resulta inútil diseñar una sociedad sobre ideales ajenos a la realidad. Una crisis de sociedad es bastante más que un imprevisible contratiempo y pone de manifiesto que dejaron de funcionar las teorías disponibles para gestionar la propia sociedad. La crisis no depende de lo que se haya hecho, sino de las teorías usadas para legitimar y sustanciar las decisiones.

No sería razonable postular nuevas teorías a partir de las tesis que sustentaron las decisiones refutadas por la crisis. No se puede confiar en el poder político o económico que pretenda afrontar la crisis con los mismos criterios que los utilizados antes de la crisis. La paradoja reside en que eso es, precisamente, lo que se está haciendo.

No son problemas menores, relacionados con una u otra valoración de los hechos, sino que afrontamos una crisis de sociedad que afecta a la forma de vivir y sobrevivir. Se trata de que podamos aprender a gestionar e innovar la sociedad que tenemos, asumiendo su complejidad, adaptando sus organizaciones e instituciones y la aplicación de recursos con criterios más eficientes a los obtenidos por un mercado que sobrevalora el capital, menosprecia la función social de las personas y se desentiende del medio y largo plazo.

Trascender las limitaciones del mercado supone decidir con criterios más objetivos. Ese es el marco en el que desarrollaremos nuestra propuesta de Sociedad poscapitalista:

- Cuestionamos la legitimidad de los mercados para dirigir la sociedad.

- Proclamamos que la economía es un instrumento de la política.

- Postulamos que el desarrollo de la sociedad depende más de sus activos que del capital que nos puedan prestar.

La crisis es el resultado de los errores y aciertos del pasado. Se trata de gestionar la realidad que tenemos, compatibilizando nuestra forma de vivir con cualquier sensibilidad ideológica. Ese es el propósito del poscapitalismo: un modelo de gestión. No ignoramos los cambios y estamos convencidos de que en política no es cuestión de ganar o perder, sino de sumar voluntades con alternativas posibles en las que podamos valorar sus pros y contras.

# I. Percepción general del proyecto

## *Diagnosticar la crisis*

**No hay soluciones para problemas que carezcan de diagnóstico**

Las tradicionales crisis cíclicas son atribuidas a un desfase entre el valor de los bienes producidos y el dinero necesario para representar su valor real en el mercado. En crisis de mayor profundidad, atribuibles a desajustes macroeconómicos, quedaba afectada la estabilidad del sistema económico, razón por la que se terminaba acudiendo a una ampliación de los mercados y, si era posible, se acompañaba de innovaciones técnicas que pudieran afectar a la forma de producir y, por tanto, a la productividad.

Con esa metodología llegamos a la crisis de 1992, que apostó por la institucionalización de un mercado mundializado y por la liberalización de los obstáculos que pudieran dificultar el libre mercado. Esa fue una decisión ideológica tomada con motivo de la reunión del G-7 que tuvo lugar en Tokio y que introdujo importantes innovaciones técnicas[1] que permitieron aprovechar las posibilidades de la mundialización de la economía en unos pocos años.

Los cambios introducidos supusieron un cambio de modelo económico que afectó, tanto a la forma de garantizar la supervivencia de cada país, como a la estructura del Poder. Por tanto, se instituía un Poder ideológico situado por encima de las constituciones democráticas y que no era cuestionado porque era

---

1    Fueron innovaciones relativas a la automatización, las telecomunicaciones y la propia noción de calidad total.

presentado a la opinión pública como la inevitable solución a la crisis, sin que hubiese ningún otro poder capaz de ofrecer otra alternativa. El resultado fue: *UNA DÉCADA DE RÁPIDO CRECIMIENTO DE LA ACTIVIDAD ECONÓMICA A COSTA DE UN ENDEUDAMIENTO QUE JAMÁS PODREMOS DEVOLVER.*

Es irónico que, para introducir ajustes legales, se necesite un largo proceso político que puede, incluso, requerir una reforma constitucional y, sin embargo, a los representantes de las grandes potencias, valedoras

No podemos gestionar el desarrollo de una sociedad a partir de decisiones particulares

de la ideología políticamente correcta, les basta un fin de semana para cambiar la vida del mundo. Tanto poder sin control aconseja una reconsideración de la geopolítica y de la mundialización.

El modelo de sociedad pactado por el G7 en 1993 lo hemos descrito como **neocapitalismo,** y surge como un alternativa razonable a la crisis económica de 1992. Se basa en la ideología neoliberal, en la promoción de las empresas multinacionales y en la consiguiente mundialización de la economía. Su consecuencia más reconocida fue la burbuja inducida por la desregulación de las instituciones financieras, que provocó un crecimiento de la deuda pública del conjunto de países equivalente al 70% del PIB mundial durante la primera década del siglo XXI, llegando a alcanzar un valor de 24,6 billones de dólares.

Más allá de la valoración de las medidas correctoras, lo cierto es que, desde hace seis años, la deuda sigue creciendo y la economía está en recesión. La primera conclusión, la más obvia, es la de que:

*NO RESOLVEREMOS EL PROBLEMA FINANCIERO CON MEDIDAS MONETARIAS. SI REALMENTE PRETENDEMOS ENCONTRAR UNA SOLUCIÓN TENDREMOS QUE INCIDIR SOBRE LA ECONOMÍA REAL.*

## *Percepción*

Desde el punto de vista de su gestión, la sociedad capitalista tenía la ventaja de que su estructura permanecía inalterada por lo que, solo tenía que regular su dinámica social. Para tal propósito se acudía a la gestión de las opciones económicas y políticas a

> El neocapitalismo se basa en la mundialización de los mercados y en la desregulación de las actividades económicas

través del mercado y de la democracia. Con tales instrumentos particulares, el Poder podía aprovechar los recursos aportados por el crecimiento económico para financiar políticas correctoras de las desigualdades introducidas por el mercado o para promover el desarrollo territorial o sectorial.

Como consecuencia de la crisis, carecemos de recursos para regular las desigualdades, razón por la que hemos de acudir a decisiones que cuestionan la estructura del sistema capitalista, porque los criterios ideológicos fueron ideados para gestionar un crecimiento económico que no se produce. Esa es la percepción de la realidad político-social que hemos de afrontar. No basta con incrementar los ingresos del Estado, aunque sea deseable, para estar en condiciones de corregir las desigualdades que los mercados se encargan de acrecentar.

Hemos de regular la estructura y evolución social pasando de un modelo de sociedad dependiente de la eficiencia aplicada sobre cada uno de los bienes producidos en particular, a una sociedad dependiente de la eficiencia del conjunto.

El sistema lógico que permite gestionar los aspectos globales de la sociedad es conocido por la comunidad científica y se basa en la Teoría General de Sistema, razonando a partir de las interdependencias que se producen entre sistemas representativos globales que forman la estructura reguladora de la estabilidad social.

## *Razonamiento*

El razonamiento es el instrumento para interpretar y gestionar la realidad.

La racionalidad, que en el pasado permitía gestionar el mercado a través del pacto entre intereses desiguales, sigue siendo útil para interpretar muchas realidades, pero es insuficiente para explicar lo que sucede en la actualidad. No se trata de cuestionar la interpretación del mercado sino de poner de manifiesto su insuficiencia.

Es la percepción de una realidad más compleja que la habitual, lo que nos exige replantear las tesis tradicionales en aras de un razonamiento más completo o eficiente. Vivimos en una época en la que conviven diversas formas de razonar[2], cada una de las cuales se corresponde con una forma de conducir la razón hacia diferentes conclusiones que puedan ser previsibles.

La disponibilidad de varias formas de razonar en relación con el comportamiento de una misma realidad, contribuye a enjuiciar el razonamiento que pueda ser más

La complejidad puede ignorarse pero no puede eludirse

útil y eficiente, respecto al propósito que pretendamos alcanzar. Es decir, el razonamiento y la selección de la forma de razonar acaba siendo un instrumento para reducir la incertidumbre. Razonamos sobre nuestro entorno a través de formas de razonar como las que siguen:

---

2    Percibir e interpretar a realidad a través de una lógica predefinida.

1. En relación con los resultados (valoraciones).
2. Como consecuencia de relaciones dependientes (mecanicismo).
3. Contraponiendo identidades[3] (diversidad de intereses).
4. Respecto a la interacción entre sujetos (corrección de errores).
5. Procesos temporales o tendencias (pronósticos).

La forma de razonar más elemental se corresponde con discursos que describen la realidad tal como la percibimos, añadiendo la valoración de los hechos. La siguiente forma de razonar se corresponde con discursos mecanicistas que responden **El razonamiento aplicado en estas páginas es interactivo** a la lógica ya descrita en la Antigüedad por los filósofos[4] y que conocemos como relación causa-efecto.

Más tarde, coincidiendo con la modernidad, se implantó el razonamiento basado en el reconocimiento de diversas identidades, ocasionalmente contrapuestas. Fue la época de las ideologías, de los intereses, del contrato social o mercantil, del mercado, de la democracia y de una lógica que se corresponde con la práctica reconocida en nuestra época para explicar la dinámica social como resultado de la contraposición de intereses.

Más tarde se empezó a comprender el razonamiento holístico o interactivo. Se basa en deducir que la variación de distintas respuestas a un mismo estímulo, son consecuencia de la función mediadora de nuestra memoria y permiten a nuestro cerebro

---

3    Esa forma de razonar se difundió a partir de la modernidad. Las ideologías, el pensamiento económico y político se basan en disociar identidades, en dividir entre buenos y malos, entre unos intereses u otros. Fueron la experiencia sindical y la socialdemocracia los que introdujeron la negociación como modelo de gestión sindical.

4    Renunciamos al desarrollo o comentario sobre formas de razonar especializadas y que son usadas por la ciencia o las matemáticas.

evaluar las experiencias semejantes para deducir la más eficiente, en relación con el propósito del sujeto que interactúa con su entorno.

Esa forma de razonar supone reconocer que la sociedad se adapta a nuevas realidades, que éstas evolucionan y que el propósito de la política es el de gestionar decisiones que, en vez de reproducir la experiencia del pasado, son adaptadas a los conocimientos adquiridos a través de la experiencia del sujeto que decide o de la propia historia.

El que las decisiones políticas puedan depender de diversas formas de razonar, conduce a la necesidad de reconocerlas pues, tan solo puede haber intercomunicación entre personas si ambas utilizan la misma lógica. El representante político debe reconocer las diversas formas de razonar para acertar en sus decisiones.

## Crisis del mercado

**El mercado ha perdido la capacidad para regular la economía.**

Nuestra sociedad puede seguir creyendo que incentivando la demanda burlaremos la crisis y recuperaremos el crecimiento de la economía. Eso fue lo que se hizo tras la II Guerra Mundial y lo que se está haciendo en EEUU, Japón y Reino Unido. Con esa política se evita la recesión y mejora la demanda para mantener los puestos de trabajo, pero no se consigue recuperar el modelo económico del que dependía el crecimiento económico.

En La Unión Europea se sigue la política contraria, basada en la incentivación de la oferta. Con esa política se mejora la competitividad y la balanza comercial, pero sigue sin haber razones que permitan creer que sea esa la vía para afrontar la crisis pues, la demanda de los países emergentes no basta para colmar la capacidad productiva de los países europeos. Se pueden mejorar los datos macroeconómicos, pero seguiremos sin estar en condiciones de consolidar el desarrollo de la sociedad en algunos países europeos.

El diagnóstico es fácil de deducir, pero difícil de asumir:

> Cualesquiera que sean los términos en los que se produce la regulación del mercado, el resultado es el mismo: ya no se produce crecimiento económico. Aun así, el mercado es el único regulador del intercambio económico.

El que contemos con instrumentos para gestionar el crecimiento y la estabilidad de la sociedad capitalista, no implica que contemos con los conocimientos necesarios para gestionar la evolución experimentada por la sociedad. A la recíproca, si los instrumentos del pasado dejan de producir los efectos previstos, debe suponerse que estamos ante una nueva realidad, una nueva fase de la evolución histórica que, hemos de interpretar para poder gestionarla de forma eficaz.

## *Crítica ideológica*

La ideología capitalista legitima las decisiones económicas atribuyendo al mercado la mejor eficiencia de su gestión[5]. Desde el punto de vista del mercado, el crecimiento económico dependería de la competitividad, esta es la razón por la que los organismos internacionales comparten las recetas económicas, aunque difieran en algunos aspectos relativos a la reducción de costes y gastos. Así se resume su racionalidad: CUANTO MÁS BAJOS SEAN LOS COSTES DE PRODUCCIÓN, MAYORES SERÁN LOS BIENES DISPONIBLES.

Si lleváramos la ideología económica a sus últimas consecuencias, tendría que verificarse que el mejor

---

5    Aspecto sobrevalorado por el neoliberalismo y afianzado por el derribo de las economías soviéticas.

emplazamiento productivo[6] se situaría en los países menos desarrollados pero la realidad nos indica que la tesis es falsa, porque nadie se arriesga a invertir en países donde haya pocos activos para aprovechar.

La deslocalización industrial produce beneficios a medio plazo para las empresas exportadoras, pero nadie puede garantizar la estabilidad de los costes[7], ni adivinar el tiempo necesario para que se pueda disponer de robots[8] eficientes con sus sensores visuales y táctiles.

Es decir, las empresas transnacionales saben que las ventajas comparativas, basadas en los precios laborales, pueden desaparecer a medio plazo, razón por la que sus estrategias deben incorporar el aprovechamiento de otros activos y definirse en relación con lo que hagan sus competidores más directos.

| DEPENDENCIA DEL COMERCIO EXTERIOR EN % DEL PIB | |
| --- | --- |
| UNIÓN EUROPEA | 30% |
| JAPÓN | 13,4% |
| EE.UU. | 10,1% |

Si los países promotores del neocapitalismo[9] estuvieran convencidos de sus tesis, serían los primeros en generalizar sus recetas, pero la realidad indica todo lo contrario, como se ilustra en la tabla adjunta,

---

6    La selección de un nuevo emplazamiento contempla costes, riesgos, servicios y carga logística.

7    Los costes de la mano de obra en las fábricas chinas, por ejemplo, crecen a un 10% anual acumulativo.

8    Ese tipo de robots, sobre los que ya se está trabajando, podrían ser los sustitutos de la mano de obra necesaria para las operaciones de montaje y ensamblaje de componentes.

9    Modelo de sociedad resultante del acuerdo político adoptado por el G7 en su reunión de Tokio del año 1993.

donde se indica la dependencia del comercio exterior de los países que impulsaron el neocapitalismo en la reunión del G-7 de 1993.

Con excepción de la Unión Europea, que sigue su política expansiva a partir de un proyecto económico y político común, los países pragmáticos mantienen sus reticencias en relación con su dependencia exterior y Europa[10] tendrá que hacer lo mismo pues, las recetas basadas en la consolidación fiscal[11] bloquean la capacidad de maniobra de los países soberanos y hacen depender la política y la economía de iniciativas particulares y empresariales.

Los más beneficiados del libre mercado internacional han sido las instituciones financieras, hasta el extremo que la circulación financiera afecta al 56,8 % de la actividad económica y la liberalización comercial apenas alcanza al 17 % de la actividad económica.

Es evidente que la mundialización ha favorecido los intercambios comerciales, pero con la crisis sistémica se ha podido constatar que la demanda agregada de los países emergentes no basta para activar el crecimiento de los países más desarrollados, porque el desarrollo de cada país no solo depende del crecimiento económico.

## *Mutación estructural*

**Son alteraciones de la estructura inducidas
por criterios ideológicas o conceptuales.**

En la sociedad capitalista, los errores dependientes del crecimiento económico eran subsumidos por el desarrollo de la colectividad, aunque tuvieran que afrontarse de una u otra forma. Así ha sido hasta finales del siglo XX, momento en que las reformas económicas

---

10   Aunque el IVA puede ser equivalente a una barrera arancelaria, el grave problema sigue siendo la deslocalización de la responsabilidad fiscal de las grandes empresas.

11   En situaciones críticas, la consolidación fiscal es equivalente a la receta de inducir el coma a un enfermo.

fueron más allá de la estructura tradicional y sus actividades se vieron afectadas por decisiones adoptadas a miles de km, sin conocimiento expreso de lo que se pretendía.

Como consecuencia de la modificación del ámbito de gestión económica, tuvimos ocasión de comprobar que la racionalidad de un mercado mundializado no era de aplicación en una economía que no contara con el necesario crecimiento para absorber el desequilibrio producido por el contraste entre diferentes modelos de producción[12].

> No son sostenibles las sociedades que dependan de la abundancia

La introducción de una nueva variable aporta mayor complejidad a la gestión y acaba rompiendo la estructura basada en la interdependencia entre política y economía. *DE TODO ELLO RESULTA UNA NUEVA ESTRUCTURA PRODUCTIVA* que, desde estas páginas, hemos denominado *ESTRUCTURA NEOCAPITALISTA*.

Al cambiar la estructura económica, algunas de las tesis válidas para la estructura capitalista, dejan de serlo al intentar ser aplicadas al neocapitalismo. Se verifica, por otra parte, que el mantenimiento de la estructura dará lugar a que las mismas políticas produzcan distintos resultados al adaptarse a la nueva estructura.

Resumiendo, si mantenemos la misma estructura:

• La economía real seguirá dependiendo de los intereses financieros.

• Los países desarrollados acabarán dependiendo de los países productores.

• La política seguirá inoperante por depender de la economía.

---

12    Recuérdese que la economía capitalista no contempla la variable del modelo de producción porque, se considera subsumido por la estructura económica, pero esa tesis solo se verifica cuando la competitividad se da entre modelos de producción equivalentes.

Son muchas las cosas que deben replantearse para revertir las consecuencias de la crisis. La razón de ser de cualquier política alternativa pasa por afianzar el principio político por el que:

*EN VEZ DE ADAPTARSE LOS PUEBLOS A LAS DOCTRINAS DE LOS EXPERTOS, DEBEN SER LAS IDEAS LAS QUE SE ADAPTEN A LAS NECESIDADES DE LOS PUEBLOS.*

## Verificación

### Cuando no comprendemos lo que sucede, nos ciega la incertidumbre

Ante el desconcierto, podemos exprimir nuestra consciencia y acudir a cualquiera de las creencias al uso, pero solo serán síntomas de nuestra incertidumbre y hemos de tratarlas, como *SÍNTOMAS DE QUE NUESTRAS IDEAS NO SIRVEN PARA AFRONTAR LA REALIDAD.* Cambiarlas es cuestión de supervivencia colectiva.

En ausencia de interpretaciones fiables, la atención de las personas tiende a dirigirse hacia aspectos singulares de las cuestiones formales. Una pormenorizada atención sobre la singularidad, en detrimento de lo general, acaba hurgando en las responsabilidades[13] personales, por ausencia de interpretaciones racionales. Se trata de un proceso inducido por nuestro sistema emocional que acaba reduciendo las respuestas a una cuestión de estímulo-respuesta.

> No podemos esperar soluciones de respuestas emocionales. De decisiones racionales podemos esperar soluciones probables

---

13    No serían atribuidas las responsabilidades personales si se contara con interpretaciones singulares que permitieran una razonable comprensión de lo que está sucediendo.

La experiencia nos enseña que las respuestas emocionales son defensivas, razón por la que no sirven para soluciones porque éstas dependen del conocimiento procedente de las experiencias personales o sociales... Aunque las respuestas emocionales no aporten soluciones permiten identificar los puntos débiles del razonamiento. Por tanto, la respuesta emocional es parte del diagnóstico, indicativa de la necesidad de proponer o postular soluciones.

Los conocimientos son parte de la solución, pero su utilidad y aplicación depende de cómo seamos capaces de organizar los conocimientos para contar con la interpretación que se pueda gestionar con eficiencia. El razonamiento ideológico utilizado hasta la fecha, aplica una interpretación lineal o descriptiva, equivalente a la utilizada en el lenguaje común. El problema de ese razonamiento es el de que tan solo puede gestionar dos variables[14], tratando las demás como aspectos independientes o subsumidos en el discurso ideológico.

El razonamiento que necesitamos, es conocido y forma parte de la vida cotidiana, aunque no estemos acostumbrados a gestionarlo de forma consciente. Ha sido descrito y estudiado en la Teoría General de Sistemas, basado en la regulación de la interactividad [15] de cada persona con su propio entorno. Se trata de un sistema lógico de habitual aplicación en el estudio de los seres vivos y de los ecosistemas.

Las ideologías interpretan la realidad social a través de una o dos variables. Su propósito es el de introducir racionalidad donde identificamos valores. Su función social es la de extender

---

14   El problema es equivalente al que tendríamos si quisiéramos analizar una figura tri-dimensional a través de la sombra que proyecta un solo foco: tan solo veríamos dos dimensiones.

15   Los primeros estudios sobre esa forma de razonar fueron llevados a cabo en 1942, dando lugar al desarrollo de la Cibernética, más especializada en la programación de lenguajes.

nuestra percepción de la realidad a través de una racionalidad que facilite la toma de decisiones. Por tanto, la interpretación de la realidad es una función instrumental, muy alejada de doctrinas o creencias místicas con las que tenemos que batallar.

En el momento actual, la agravación de la crisis pone en cuestionamiento la realidad y desarrollo del capitalismo. Por lo tanto, para afrontarla, hemos de poner fin a un modelo de sociedad cuyo crecimiento económico pasa por aprovechar las ventajas financieras que se puedan obtener a través de la EXPLOTACIÓN DE LOS ACTIVOS DE PAÍSES AJENOS.

No se trata de cuestionar la globalización o mundialización del comercio, sino de romper la dependencia respecto a un modelo de desarrollo que hace depender la economía mundial de empresas multinacionales. Los beneficios multinacionales que no redundan en ganancias para los países que las acogen, acaban siendo estériles para todos.

## *Poscapitalismo*

**Cuando no basta con el crecimiento económico
para cohesionar la sociedad, necesitamos un nuevo paradigma
para afrontar la realidad social y política**

El nuevo paradigma tiene que estar en condiciones de interpretar y gestionar una sociedad más compleja y afrontar aquellos errores sistémicos o estructurales que dieron lugar a la crisis política y económica en la mayoría de los países del mundo. El nuevo paradigma da lugar a las siguientes diferencias en el modelo de sociedad.

Mientras la finalidad del capitalismo depende del crecimiento económico, la del poscapitalismo depende del desarrollo de la sociedad.

- Mientras la gestión capitalista se hace dependiente de las inversiones en capital, la gestión poscapitalista depende del rendimiento de los activos humanos y materiales.

- Mientras la política capitalista depende de la gestión del Poder, la política poscapitalista depende de la gestión de la sociedad.

- Mientras el razonamiento capitalista se basa en la gestión de intereses diferenciados y en el pacto entre partes, el razonamiento poscapitalista depende de la regulación de las experiencias.

- Mientras la decisión capitalista depende de valores, complementados por la racionalidad ideológica, la valoración poscapitalista se complementa con conocimientos que evolucionan al ritmo que lo exija la regulación de la experiencia.

- Mientras el modelo de sociedad capitalista pretende ser universal y aplicable a cualquier sociedad, el modelo de sociedad poscapitalista se adapta a los activos humanos, territoriales y materiales de cada sociedad en particular.

Aunque la sociedad capitalista y la poscapitalista sean distintas, ambas son parte de un proceso histórico en el que convive la continuidad con la discontinuidad. La transición afecta a la forma de gestionar la sociedad y ésta depende de cómo se razona, de los conocimientos disponibles y de la forma de aplicarlos.

La estructura de la sociedad capitalista pretende ser inalterable para que pueda ser gestionada de forma eficiente. El propósito de una estructura reducida, en lo que a variables se refiere, es la de poder garantizar la acumulación de capital para afianzar su desarrollo y renovación. El problema de la sociedad capitalista es el de que tiene sus límites y cuando aparecen necesitamos encontrar la forma de gestionar la nueva realidad, más compleja. La estructura de la sociedad poscapitalista admite tanta complejidad como sea necesaria y su evolución puede ser regulada por la voluntad popular, verificándose que: **ninguna idea, ley o principio puede tener más legitimidad que la expresada por la voluntad popular.**

Siguiendo esa lógica, hemos dedicado el primer capítulo a la HERENCIA CULTURAL. De esa herencia cultural proceden la mayor parte de los conocimientos y habilidades que nuestra sociedad ha ido atesorando a lo largo de los siglos. Se trata de hábitos culturales que son parte sustantiva de unos activos que hemos de reconocer, difundir y aplicar en beneficio común.

Dedicamos el capítulo II al desarrollo de cuantos aspectos se relacionan con los activos intangibles y el capítulo III al desarrollo de cuanto tenga que ver con el conocimiento político, base de cualquier razonamiento y de la gestión de las decisiones políticas. Tratamos en el capítulo IV, sobre la estructura de la sociedad poscapitalista, gestionada a través de la interacción entre sistemas en los términos indicados en el citado capítulo.

No hay recetas inequívocas para gestionar un modelo de sociedad dinámico. Son de aplicación las experiencias procedentes de la sociedad capitalista, adaptándolas al nuevo entorno.

## *Gestión*

### *De la gestión ideológica de las actividades a una gestión estratégica del entorno productivo*

Siendo la *sociedad capitalista* un modelo basado en la experiencia inglesa del siglo XVIII, la gestión dependía de cómo se interpretaba la dinámica económica, aplicando la racionalidad[16] que fue desarrollada durante la "modernidad". Para su gestión se acudía a unas pocas variables: la política y la economía. En tales condiciones, la gestión ideológica era suficiente

> La competitividad ayuda a los resultados empresariales pero éstos no tienen por qué traducirse en crecimiento económico

para interpretar la dinámica económica y social. Cuando la crisis va más allá de los límites de los Estados, como consecuencia de criterios ideológicos neoliberales y de la mundialización productiva, surgen situaciones imprevisibles e insalvables que desencadena el desconcierto en todo el mundo.

De las experiencias deducidas por la verificación científica debería resultar que la crisis no puede ser combatida con los criterios que la ocasionaron, pero, lo cierto, es que ningún economista cambió de criterio porque **la política global no es cuestión de eficiencia económica, sino de distribución del Poder y de recursos**: la racionalidad global queda subsumida en criterios ideológicos más dependientes de convicciones que de racionalidad, convirtiendo el sentido común en pura anécdota.

La ortodoxia económica atribuye a la competitividad el equivalente a la eficiencia productiva expresada en términos económicos, razón por la que podía traducirse

> Con la globalización las empresas tienen que buscar en la exportación la oportunidad para sobrevivir

como equivalente al crecimiento económico. La trampa de esa lógica se debe a que la tesis tan solo se verifica cuando la competitividad era librada entre distintas formas de producir, en una misma sociedad. Cuando se libraba la competitividad entre

---

16    Para mayor información sobre la racionalidad, acudir al Epílogo.

distintos países, la eficiencia no dependía de la forma de producir sino del modelo de sociedad.

La competitividad entre países se puede medir a través de la balanza comercial y, propiciada por la mundialización económica, da lugar a que dicha competitividad, dependa de las condiciones culturales, políticas y económicas de cada país, en lugar de depender de la producción o de su valor añadido.

Del análisis de las balanzas comerciales se deduce que, al hacer depender el crecimiento de la competitividad, se ensancha la brecha entre países que dependen de su superávit y los que tienen que endeudarse para financiar su estabilidad.

Para las empresas multinacionales la mundialización es su entorno natural. Las multinacionales que producen bienes dependen de la inversión financiera y de su "Know how" por lo que, sus estrategias permiten aprovechar los activos de los países donde se establecen:

*EN VEZ DE DEPENDER SUS BENEFICIOS DE LA COMPETITIVIDAD SALARIAL, DEPENDEN DEL VALOR APORTADO POR LOS ACTIVOS AGREGADOS EN LA RESPECTIVA CADENA DE VALOR.*

## Interés general

### El capitalismo ha sustituido la gestión global de la sociedad por el interés general

Las tradicionales convicciones ideológicas describían una sociedad en la que sus recursos dependían de la iniciativa empresarial y de los beneficios. Así ha sido durante muchos años, con la particularidad de que, mientras la empresa se adaptaba a cada entorno particular, la sociedad se resistía a cambiar su estructura, idealizada a través de un mandato constitucional que garantiza su permanencia atemporal.

De esa lógica resultaba que, mientras las empresas se adaptaban y afrontaban la creciente complejidad de su entorno, el interés general de la sociedad iba perdiendo protagonismo y capacidad de adaptación al entorno social e internacional.

Por añadidura, la ideología económica se autodefine como contraria a la regulación del Estado, al que acusan de ineficiente y de actuar con criterios partidistas, contrarios a la objetividad de la racionalidad económica.

> La crisis sistémica es como una guerra en la que no se reconoce el adversario ni se sabe cómo vencerle

La creencia en tales criterios ha conducido a que el poder de algunas empresas multinacionales sea superior al de muchos Estados soberanos. Más allá de referencias ideológicas, es de advertir que los derechos de los ciudadanos dependen de la capacidad del Estado para garantizarlos.

No se trata de postular un determinado modelo de Estado, sino de seguir garantizando la preeminencia del interés general sobre cualquier criterio ideológico porque, no hay sociedad que pueda funcionar sin un Estado legitimado para regular su funcionamiento. Cuestionar la primacía del interés general, supone crear las condiciones para que desaparezca la cohesión social y su eficiencia colectiva.

La complejidad de cualquier país es muy superior al de la corporación más compleja, pero los países se gestionan con estimaciones ideológicas o valoraciones culturales. Renovar la política, aunque tan solo sea para garantizar la primacía del interés general, es el mayor reto del momento histórico que vivimos porque, los ciudadanos exigen de la política que sus representantes puedan superar los obstáculos considerados insalvables por los "expertos".

- Renovar la política supone decidir en función del interés general.

- La renovación política exige de los políticos: representatividad, soluciones y compromiso.

- Debe garantizarse que, desde la representación política, nadie puede hacerse rico.

- La representatividad política tiene que compatibilizarse con el compromiso hacia el proyecto representado por el partido que lo gestiona.

Desde el punto de vista del liberalismo económico y político, el interés general se reduce a un concepto, equivalente a un objetivo político. Ese es un modelo insuficiente para gestionar el conjunto de la sociedad, sus activos y la estrategia para sobrevivir colectivamente.

En términos económicos, no se trata solo de desarrollar la sociedad bajo un punto de vista cuantitativo, sino de gestionar y aprovechar cada uno de sus activos.

## *Valor añadido*

### Depende del rendimiento
### y explotación de los activos sociales disponibles

Cualquier estrategia económica tiene el propósito común de movilizar los activos humanos y materiales de su específico entorno para aportar valor a la empresa o al conjunto de la sociedad. Desde tal punto de vista, si el crecimiento económico depende de la rentabilidad del capital, el desarrollo de una sociedad depende de su capacidad para aprovechar cada uno de los activos humanos y por la eficiencia que de tales activos.

Para el crecimiento económico se gestionan capitales y para el desarrollo de la sociedad se desarrollan activos. En la práctica resulta que, cualquier política gestiona capitales y activos, razón por la que cabe resaltar que ambos no son criterios antitéticos pues, la eficiencia conduce al crecimiento y éste permite mejorar la eficiencia de otros activos.

Mientras la estrategia empresarial depende de la eficiencia que se pueda obtener de los activos que intervienen en la cadena de valor, las estrategias del Estado crean las condiciones que permitan optimizar los activos humanos y materiales.

> En la economía real, crecimiento y desarrollo son variables dependientes de los activos de una sociedad

Es decir, son actividades recíprocamente complementarias.

La estrategia empresarial aprovecha los activos humanos y materiales de todo el mundo y la estrategia del Estado mejora la eficiencia de los activos humanos y materiales de su propio país. En la situación actual, la complementariedad entre la estrategia multinacional y la estatal, depende de la necesidad que tenga cada país y cada empresa. Es decir, se trata de una opción política.

La complementariedad entre estrategias multinacionales y estrategias de Estado, en vez de depender de una valoración económica, depende del poder que pretendan compartir.

- El poder de las multinacionales depende de su "Know how" y de la parcela de mercado especializado que puedan gestionar.

- El poder de los Estados depende de los activos que sean capaces de movilizar.

Las grandes empresas y países que pretendan mantener el actual "statu quo", seguirán difundiendo los "parabienes" de la competitividad, pero los países que necesitan aprovechar sus activos para impulsar su propio desarrollo, tratarán de minimizar su dependencia exterior y adaptar sus necesidades tecnológicas a las necesidades de su país y a las oportunidades que su cultura pueda aportar.

Como quiera que el capitalismo ya ha desarrollado estrategias para aprovechar los recursos materiales, el gran reto del poscapitalismo pasa por promover y desarrollar los activos más intangibles: experiencias culturales, valores, consciencia colectiva, autoridad política...

## *Estrategia geopolítica*

**El propósito de la economía internacional es el de gestionar la distribución de los recursos mundiales**

Somos herederos de una estrategia basada en la competitividad entre grandes potencias, ocupadas en defender sus intereses y en promover la estabilidad internacional con la ayuda de una ideología universal que consagra la primacía de los países más desarrollados.

La regulación del comercio internacional sigue aplicando la competitividad para gestionar los recursos del planeta. Con ese criterio y gracias al libre mercado, los recursos mundiales acaban siendo de quien tenga dinero para explotarlos, restando futuras oportunidades a los países cuyo desarrollo dependa de tales recursos.

Nos enfrentamos a un mundo con recursos limitados, con un modelo económico que demanda cada vez más recursos y con una población mundial que sigue creciendo. Las consecuencias de esa situación en el momento presente son:

> Si el consumo mundial per cápita fuere el de los países desarrollados, necesitaríamos un planeta 1,5 veces más grande para cubrir nuestras necesidades.

La viabilidad del actual sistema económico internacional exige mantener la desigualdad entre países desarrollados y subdesarrollados. El desarrollo mundial es incompatible con el actual sistema económico internacional y con el crecimiento económico.

Esa lógica a medio plazo resulta agravada por el rápido desarrollo de los países emergentes, gracias a la disponibilidad de grandes capitales con tasas de interés inferiores a la tasa de crecimiento económico y al acceso al *Know how* de las empresas multinacionales. Las empresas multinacionales utilizan los activos de esos países y se aprovechan de ventajas comparativas en lo que se refiere a los costes de producción.

El inconveniente del crecimiento aplicado por los países emergentes se debe a que dependen del capital y de la tecnología de las empresas multinacionales. Cuando dichas empresas cambian su estrategia o cuando pueden gestionar emplazamientos más rentables, se retiran de los países emergentes y éstos se quedan sin nada.

> En quince años, los países emergentes han estado en condiciones de producir tantos o más bienes que los países desarrollados

El modelo económico aplicado por muchos países emergentes acaba siendo muy similar a la experiencia conocida como "desarrollismo" y que supuso la quiebra económica de muchos países sudamericanos al carecer de una estructura productiva propia, capaz de mantener la estabilidad de su economía.

El problema económico es muy simple, **el desarrollo de los países depende de las políticas que cada país sea capaz de emprender con sus propios medios.** El país que dependa de las inversiones multinacionales, acaba aceptando su dependencia respecto a las estrategias de cada una de las empresas transnacionales.

Bajo un punto de vista conceptual el balance de la contribución de cada empresa es bastante simple. Se trata de saber si la aportación fiscal de la multinacional es equiparable al uso intensivo que haga de los servicios y activos aportados por el país receptor de la inversión, teniendo en cuenta que, sin crecimiento económico, el precio del dinero tiende a cero.

La crisis sistémica está introduciendo cambios importantes que deben ser adicionalmente valorados. El primero de ellos es el de que las demandas sociales de los países emergentes están forzando estrategias financieras alternativas. La más importante se basa en la disponibilidad de emplazamientos alternativos que reúnan las condiciones para aprovechar un máximo de activos locales, unos bajos costes y una reducida presión fiscal. Se trata de los países situados en la "nueva frontera", tales como: Nigeria, Ucrania, Pakistán, Vietnam, Argentina, Croacia, Jordania, Emiratos Árabes, Kenia, Letonia, Serbia y Lituania.

El resumen es elocuente: el crecimiento económico no depende de la competitividad de los países, sino de los beneficios financieros que puedan obtenerse de proyectos en países fiables a través de empresas solventes que cuenten con su propia franja de mercado.

*LA ECONOMÍA INTERNACIONAL ES UN SUBPRODUCTO*
*DEL SISTEMA FINANCIERO PARA CONSEGUIR*
*UNA RENTABILIDAD SUPERIOR A LOS DEPÓSITOS BANCARIOS.*

# II. Raíces culturales de una sociedad

## *Modelo de sociedad*

La sociedad se basa en agrupar el número de personas necesario para que puedan sobrevivir a partir de los recursos y técnicas que hayan conseguido acumular y aprovechar. Cada modelo debe responder a dos cuestiones capitales.

- La organización necesaria para obtener y garantizar los recursos que permitan sobrevivir.

- Los estímulos suficientes para mantener la estabilidad de la sociedad y del modelo.

Todos los modelos empiezan siendo muy simples y la eventual complejidad se basa en incorporar nuevas experiencias al modelo básico.

* La sociedad sobrevive mientras funcione el modelo.

* Cuando el modelo no funciona, se adapta o la sociedad se extingue.

Esa es la ley de la vida y es igualmente exigente para todas las especies. Nuestra ventaja: podemos aprender tanto de las experiencias nuestras como de las ajenas en el plano social.

### *Sociedad capitalista*

Como quiera que una sociedad no tiene más recursos que aquellos que pueda proporcionar la naturaleza, cualquier modelo de sociedad depende de cómo sea capaz de aprovechar tales recursos.

Desde tal punto de vista, el avance técnico tanto de la cultura agraria como de la industrial ha acabado por definir las eras históricas de la Civilización. Adicionalmente, la actividad comercial permitía ensanchar la disponibilidad de recursos y sus beneficios podían financiar el Poder, garante de estabilidad y de civilización.

La citada descripción del modelo de sociedad, serviría tanto para la sociedad agraria como para la sociedad capitalista. El modelo común descansaría sobre tres columnas: producción, poder y comercio. La diferencia sustantiva entre uno y otro modelo reside en que, no solo se aprende a aprovechar el trabajo

> La sociedad capitalista legitima el beneficio empresarial para mantener el desarrollo de cada sociedad

de animales, viento y agua, sino que se organiza y sistematiza para obtener un rendimiento creciente y generalizado. La mejora de la productividad permite reducir los precios y con la ayuda de la actividad comercial, se consiguen crecientes beneficios.

En eso consiste la sociedad capitalista: aprovechar el afán de lucro para que las empresas se las ingenien para ser cada vez más competitivas.

El problema filosófico reside en que **el interés de las empresas no tiene por qué ser coincidente con el interés general de la sociedad.**

## Otra sociedad

Necesitamos una sociedad en la que el interés general se anteponga al interés privado. Se trata de afrontar el desempleo, la ausencia de expectativas, la pérdida de derechos y la cohesión de la sociedad y de recomponer esos aspectos globales de la sociedad porque no podemos contar con los recursos necesarios a través de la fiscalidad[17].

De la experiencia adquirida a través del funcionamiento de la sociedad capitalista, se deduce que el crecimiento sostenido se debe a la mejora de la productividad y a la difusión de la cultura industrial hacia cualquier tipo de actividad. El problema que tenemos es que la productividad es un concepto equivalente al rendimiento energético y la física ha demostrado que cualquier rendimiento tiene su límite y que cuanto más próximo se sitúe el límite, más difícil será mejorarlo.

No podemos caer en el error de definir una sociedad ideal. Lo que postulamos es la transición de la sociedad capitalista hacia un nuevo modelo de sociedad definido en los términos que la experiencia vaya aconsejando a partir de una abierta complicidad con los ciudadanos.

Son conocidos los ensayos que preconizan una sociedad basada en la información o el conocimiento. No les falta razón: el conocimiento seguirá siendo un componente importante de la futura sociedad, como lo ha sido siempre. Lo novedoso en relación con el nuevo conocimiento es que las áreas donde resta mucha investigación tienen que ver con la complejidad, su tratamiento y gestión. Son áreas que pueden aportar una mejor calidad de vida pero poco tienen que ver con el crecimiento económico.

> La futura sociedad tan solo podrá definirse por las experiencias que hayamos preferido respecto a otras opciones.
>
> El futuro no está escrito: Pertenece a los ciudadanos

---

17    Siempre hay actividades que pueden mejorarse y que deben acometerse pero el problema que afecta al modelo de sociedad no se resuelve con unas pocas reformas financieras.

Bajo nuestro punto de vista, la futura sociedad se definirá mejor por la dinámica social de sus ciudadanos porque son éstos los que acaban definiendo las condiciones de su propio futuro y el de su descendencia. Todo lo demás son instrumentos técnicos que los políticos tienen que conocer para saber lo que pueda esperarse de ellos.

## Gestionar el cambio

La necesidad que tenemos de gestionar la creciente complejidad de nuestra sociedad es indisociable a la época que nos ha tocado vivir. Para tal propósito hemos aplicado el razonamiento interactivo. Bienvenido cualquier otro método y cualquier reforma que beneficie a la sociedad, pero la necesidad apremia.

El primer reto pasa por el diagnóstico y éste depende de que podamos comprender y representar las interdependencias que el conjunto de cada sociedad mantiene con su entorno y con los sistemas de su organización interna. De tal percepción se constata que:

Emerge una sociedad de creciente complejidad que podemos aprender a gestionar

**NO SE VERIFICAN POSITIVAMENTE LAS TEORÍAS QUE CONDUJERON A LA CRISIS, NI LAS UTILIZADAS PARA SACARNOS DE ELLA.**

Por ello, tales teorías económicas, deberían ser cuestionadas.

La comprensión de la crisis no se reduce a sus aspectos económicos. Las encuestas de opinión permiten aflorar la creciente desconfianza hacia las instituciones responsables de gestionar el conjunto de la sociedad. Se está cuestionando la propia razón de ser de instituciones que hasta la fecha parecían indiscutibles.

Estamos ante una situación en la que se hace necesario replantearse todo lo que había funcionado hasta la fecha. Muchas serán las cosas que permanecerán, pero el diagnóstico empieza por el propósito de evaluarlo todo de nuevo. Se basa en un principio reconocido: de lo general a lo particular.

## Crisis sistémica

El síntoma más relevante es que la crisis afecta a todos los países desarrollados y lo que tiene en común es que hemos usado los mismos criterios para gestionar cada país: El neocapitalismo.

Ninguna de las recetas o reformas ensayadas ha conseguido, siquiera, los mínimos resultados que permitan vislumbrar alguna esperanza.

> No pudiendo resolver la crisis de los países más prósperos, tenemos razones para cuestionar las bases de nuestra sociedad

Resumiendo, la ideología que ha traído la crisis, no permite identificar los errores cometidos ni dispone de criterios para enmendarlos.

Cuando unas mismas causas no producen los mismos efectos, tendremos que asumir que necesitamos otros criterios para comprender lo que sucede. Dichos criterios deberían aportar un diagnóstico previo que permitiera asumir el riesgo que comporta aplicar otras alternativas. Por tanto:

- Mientras los "expertos" sigan razonando con los criterios del pasado, sus decisiones suponen prolongar la crisis, aunque se mejoren algunos de sus parámetros.

- Creer que los gestores de la economía o de la política hicieron mal uso de sus decisiones, equivaldría a creer que la política y la economía dependen de criterios morales[18].

---

18   Esa forma de entender la política o la economía es lo que se pretendió evitar con la "modernidad" para que las decisiones fueran racionales y ajenas a la valoración ética o moral.

Los errores que nos han conducido a la crisis, son de origen ideológico y éstos se deben a la generalizada aplicación del neocapitalismo[19] en los países desarrollados.

Las consecuencias de la crisis sistémica son globales[20]. No puede resolverse con medidas parciales, al margen de un diseño global. No basta con comprender que necesitamos una reformulación ideológica, hemos de asumir que los países, su sociedad, deben ser gestionados con criterios holísticos o sistémicos[21] en cuyo caso, en vez de deducir nuestras decisiones partiendo de experiencias parciales o particulares, tendremos que tener en cuenta la realidad global para que nuestras decisiones particulares sean coherentes con el nuevo entorno.

Para comprender la dimensión e implicaciones de la crisis sistémica, nada mejor que resumir algunos aspectos que afectan a nuestra realidad cotidiana:

**Insuficiencias:**

• Carecemos de ideas que permitan comprender lo que está sucediendo.

• Es creciente el abismo entre ricos y pobres.

• La opinión pública ha perdido la confianza en la gestión política y en sus políticos.

• Nuestros hijos han perdido la esperanza de mejorar la herencia recibida.

---

19    Consideramos "neocapitalismo" a las políticas acordadas en la reunión del G7 en Tokio (1993) para poner fin a las políticas de reconversión industrial de la década anterior y favorecer la implantación de una economía libre de mercado basada en la mundialización y la liberalización de la actividad económica, la libre circulación de capitales y la creciente desregulación del sistema financiero.

20    La noción de criterios globales no equivale a criterios mundiales consensuados. Contemplar la economía global de un país equivale a considerar tanto la economía privada como la pública.

21    Desarrollaremos las concepciones sistémicas, a lo largo de las siguientes páginas.

- Hemos perdido los referentes en los que podíamos confiar.

- No se puede esperar que la ciencia resuelva la forma de organizar las personas y la propia sociedad. Esa es una experiencia cultural dependiente de decisiones políticas.

- No hay evidencias que permitan deducir que las soluciones que pueden servir para un país, puedan ser igualmente útiles para los demás.

**Interdependencias:**

- El planeta no es el mercado de los países desarrollados, sino el resultado de interdependencias que permitan abastecernos de recursos y conocimientos desigualmente distribuidos.

- Necesitamos un entorno internacional gobernable.

- No hay países dispuestos a hacer concesiones en beneficio de los demás.

- No podemos esperar que los países emergentes, resuelvan nuestros problemas.

- Estamos agotando recursos tan básicos como: el petróleo, alimentos, agua potable... sin cambiar el actual ritmo de consumo.

- El discurso ambiental ha sido el pretexto para hablar mucho sin hacer nada.

- El planeta no puede depender del dinero, ni del poder de unos pocos países.

- La gestión sistémica del planeta no depende de la discrecionalidad del Poder sino de la racionalidad de sus decisiones, coherentes con la estabilidad política y económica del mundo.

- Cuanto menor sea la dependencia de cada país respecto a terceros, menores serán las posibilidades de conflicto.

Ante la creciente complejidad de la sociedad, es ineficaz gestionarla desde un único *punto de vista*[22]. Todas las políticas adoptadas se basan en criterios ideológicos de carácter financiero.

## Aspectos políticos

La sociedad poscapitalista adopta una estrategia sostenible, basada en la eficiente explotación de recursos locales (humanos y materiales) y minimizando la dependencia exterior para evitar un prematuro agotamiento de los recursos del planeta. Todo lo contrario de lo que se postula desde el sistema capitalista, buscando recursos baratos a costa de la miseria ajena.

Al afectar los cambios de sociedad a la forma de vivir, su aplicación conlleva asumir dosis de incertidumbre que puede minimizarse con el impulso emocional generado por la creciente indignación, como consecuencia de la incapacidad del Estado para neutralizar crecientes desigualdades[23] y ofrecer alternativas fiables.

Con los despropósitos institucionales aflora la ausencia de una fiable moralidad pública: soportamos la impunidad de un Poder cobijado en vericuetos legales, la indiferencia hacia la miseria de nuestros compatriotas, la legitimación de la exclusión, la reducción de derechos y el menosprecio hacia las minorías. Todo ello en nombre del sacrosanto interés económico.

Mientras el capitalismo representa un modelo de sociedad dependiente del capital que se haya acumulado, la "sociedad poscapitalista" aunque formalmente más compleja, organiza las decisiones globales a través

---

22   Recuérdese que el punto de vista capitalista se hizo dependiente del crecimiento económico.

23   La igualdad no depende en que seamos absolutamente iguales, eso es imposible. La igualdad es un valor, razón por la que equivale a que todos los ciudadanos podamos sentirnos iguales. Lo contrario, equivale a discriminación.

de una estructura sistémica. Las decisiones dependientes de cada uno de los sistemas se basan en la racionalidad procedente de procesos históricos. El poscapitalismo enfatiza las interdependencias que afectan a la economía real y el capitalismo ofrece oportunidades a los emprendedores, poniendo capital a su disposición.

## Aspectos ideológicos

La mayor parte de las ideologías se dedican a enumerar el conjunto de derechos atribuidos a los ciudadanos en nombre de valores que, por lo general, suelen ser reconocidos y asumidos por todos pero no todos los ciudadanos disfrutan de los mismos derechos ni todos son tratados como si los merecieran. En unos casos se pretende justificar la desigualdad como consecuencia de derechos opuestos, pero en la mayoría de los casos, *LAS DESIGUALDADES SE DEBEN A QUE EL DISFRUTE DE LOS DERECHOS ACABA DEPENDIENDO DEL DINERO.*

Es decir, **los derechos han sido propugnados por quienes tienen dinero para pagarlos,** produciéndose la paradoja de que acaban legitimando el derecho de unos pocos a negar el mismo derecho a los demás. Esos son los aspectos que llevan a supeditar la economía al conjunto de derechos y deberes de los ciudadanos.

No se trata de formular nuevos y deseables derechos sino de explicitar cómo garantizarlos. Esa es la cuestión ideológica que importa y cuando ésta se olvida, la política deriva hacia un reduccionismo del siguiente estilo:

- La determinación[24] de los conservadores es la de que nada cambie.

- La autodeterminación de los nacionalistas conduce a la utopía.

---

24   La determinación es representativa de la capacidad para traducir en realidad la voluntad política de la sociedad.

- La indeterminación de la izquierda acaba negando la política.

La naturaleza del cambio político al que nos enfrentamos, como consecuencia de la crisis, va más allá de la alternancia en el poder. Es así porque no se necesita una renovación política, lo que se plantea es el cuestionamiento del propio sistema capitalista. Si nos atenemos a la experiencia histórica, cualquier nueva era ha ido acompañada del declinar del Poder y esa es la experiencia que nos induciría a esperar que surgiera un movimiento social contrario al Poder, pero tal movilización no surge de quienes han basado su "razón de ser" en la pretensión de ser una alternativa al capitalismo, con unos u otros criterios ideológicos. Veamos lo que ha sucedido con la alternativa socialista.

> Necesitamos consolidar una alternativa al poder económico

- La legitimación socialista dependía de la voluntad de poner fin a la explotación que sufrían los obreros en su trabajo. Lo que sucede en la actualidad es que el trabajo es considerado como una bendición.

- La evolución de los socialdemócratas, condujo a minimizar los aspectos ideológicos para afrontar políticas redistributivas, menos ambiciosas pero realistas y deseables por los propios trabajadores. Esa fue la consecuencia:

  * Aprovechar los recursos procedentes del crecimiento económico para combatir las desigualdades sociales.

  Lo que sucede con la crisis es que, sin crecimiento económico, desaparece la política socialdemócrata porque no hay dinero para redistribuir y solo restan unos valores que todos reclaman como propios: desde la derecha a la izquierda.

Por muchas denuncias y acusaciones que hagamos, lo único que importa son:

SOLUCIONES DEFINITIVAS

Mientras tanto, crecen las desigualdades, se atenta contra los derechos adquiridos y reconocidos por la Constitución. Ante la opinión pública todos dicen y hacen lo mismo: intentar recuperar el funcionamiento de la economía de mercado a partir de unas teorías que la experiencia nos ha enseñado que ya no funcionan. La situación se reduce así:

La realidad que vivimos puede prolongarse con medidas financieras y redistributivas, pero lo importante es constatar que la naturaleza de la crisis va más allá de una gestión tradicional que dependa de la valoración de las experiencias o de la valoración de los intercambios comerciales, porque afecta al conjunto de la sociedad, a sus instituciones, a su organización y a la forma de vivir de todos nosotros.

## Alternativas a la Crisis

La sociedad poscapitalista sucede al capitalismo porque los ciudadanos necesitan una sociedad que garantice su cohesión y estabilidad. Asumir que eso es lo que cuenta, equivale a desprenderse de condicionamientos ideológicos: en vez de atenerse a la ortodoxia, se hace lo que sea necesario para que la sociedad funcione a partir del criterio de que prevalezca el interés general de sus ciudadanos.

En términos económicos, no es necesario esperar que el mercado resucite. En vez de gestionar la economía por la vía de los flujos de capital, ha de potenciarse la organización de la economía real.

En ese nuevo entorno, el desarrollo dependerá de la acumulación de conocimientos destinados a producir los bienes y servicios que la sociedad necesite. Es decir, aunque el mercado siga regulando el intercambio de bienes y recursos, no habrá razones para asignarle la regulación y distribución del capital, con excepción de la actividad financiera especializada en gestionar el riesgo empresarial.

> Cuando la regulación del mercado no se traduce en crecimiento económico estable, el desarrollo de los países dependerá de cómo se organice el aprovechamiento de sus activos humanos y materiales

Para diseñar un entorno alternativo se sostiene que:

- Cuando la competitividad no pueda garantizar la cohesión de la sociedad, el Estado deberá asumir la organización de las actividades ajenas a la iniciativa privada.

- La organización de la sociedad no puede depender de la regulación financiera del mercado sino de las necesidades del conjunto de la propia sociedad.

- La economía y las finanzas son instrumentos de la política para atender las necesidades de la sociedad, aprovechando los conocimientos disponibles y las posibilidades del entorno.

- La riqueza de un país no depende del dinero, sino de su capacidad para producir bienes y servicios en condiciones eficientes.

- El desarrollo de cada país no depende del expolio de otros, sino de su capacidad para organizar la propia sociedad.

- La eficiencia implica aprovechar las sinergias que puedan generarse con la complicidad entre la gestión pública y las empresas privadas.

- La sociedad poscapitalista seguirá necesitando la colaboración entre países, sin prejuzgar lo que vaya a suceder en el desarrollo de sus recíprocas interdependencias.

- Proclamamos la necesidad de que la política pueda garantizar la cohesión de su sociedad.

La cohesión de la sociedad es el reto colectivo del siglo XXI: nos involucra a todos pero depende de cada uno de los países comprometiendo a todos los estamentos de la sociedad para que sea una responsabilidad indelegable. Si eludimos tal responsabilidad, corremos el riesgo de sepultar a los valores difundidos por la República francesa, desde el siglo XVIII.

**Ninguna sociedad puede crecer indefinidamente**

Aunque la sociedad poscapitalista no tenga el propósito de garantizar el crecimiento económico, hay ocasiones en las que éste se produce como consecuencia de haber logrado una mayor eficiencia en la gestión del conjunto de la sociedad. Así tenemos, a título de ejemplo, que puede producirse crecimiento a través de:

- Una mayor eficiencia de los activos sociales de cada país.

- La sustitución de importaciones por bienes producidos en el propio país.

- Conseguir un saldo positivo de la balanza comercial.

## *Cultura política*

**La política es la columna vertebral
de cualquier organización social**

La política se sustenta en el criterio de que tiene el propósito de gestionar el Poder para atender a las necesidades del interés general de la sociedad. La economía se sustenta en el criterio de favorecer el crecimiento económico, con la convicción de que éste será el medio necesario para conseguir el desarrollo de la sociedad.

Con el crecimiento económico se pueden desviar recursos a los servicios públicos y hacia una redistribución de las rentas que haga más soportable la tendencia a la desigualdad[25] impuesta por los mercados. Con la crisis, sin crecimiento económico, sigue aplicándose la tendencia a mantener las desigualdades pero la ausencia de políticas que permitan minimizar su impacto social, conduce a acrecentar las desigualdades en cada país y entre países.

## *Herencia cultural*

### Critica a convicciones basadas en la experiencia cultural

Uno de los principios en los que se sustenta el capitalismo es el de que, gracias al beneficio empresarial, se consigue acumular los recursos necesarios para favorecer el crecimiento económico del que dependen los recursos para financiar el interés general de la sociedad y crear más y más eficientes actividades generadoras de riqueza y trabajo.

Esa es la "razón de ser" del capitalismo, generando expectativas capaces de legitimar desigualdades sociales, consideradas como un razonable precio del desarrollo. Ese ha sido el modelo que ha funcionado durante dos siglos, mientras la innovación técnica y científica hizo posible mantener una creciente mejora productiva.

---

25    La tendencia a la desigualdad es una realidad que nos enseña la experiencia y que ha sido evaluada teóricamente a través del Principio de Pareto o de la distribución 80:20, que supone advertir que el 80% de los recursos acaba en las manos del 20% de la población y viceversa.

El sistema ha dejado de funcionar cuando la especialización internacional, el valor añadido y la tecnología incorporada a nuevos bienes, en vez de renovar el desarrollo de los países, provoca una de las mayores crisis de nuestra historia. La globalización y la tecnología no son la causa de la crisis, sino que su aportación no ha podido evitar la decadencia económica iniciada en la década de los '70, cuando los estímulos a la economía se tornaban inflación.

Siendo global la crisis, es interpretada de forma distinta para cada uno de los países. Hay casos en los que, como consecuencia de su desarrollo productivo o de su mayor desarrollo cultural, no la acusan de forma tan profunda y uniforme para el conjunto de cada sociedad. Se precisa contar con un completo y mesurado diagnóstico para discernir sobre qué aspectos deberían ser renovados y cuáles otros deben conservarse.

Para un razonable diagnóstico debe tenerse en cuenta que la política es interpretada desde el Poder, de forma distinta a como lo hacen los miembros de la sociedad. Por otra parte, el ritmo de la evolución es superior a lo que las instituciones tienden a percibir por lo que se acrecienta LA PERCEPCIÓN DE QUE LA POLÍTICA ES AJENA A LAS NECESIDADES DE LA SOCIEDAD.

La ausencia de referentes ideológicos ha conducido a prácticas políticas difusas e indeterminadas, propiciando el desconcierto entre ciudadanos que sienten la necesidad de preguntarse sobre la función de la política en momentos críticos. No es una preocupación baladí.

Ha sido superada la fase histórica en la que bastaba con que los políticos fueren fieles intérpretes de las ideologías que representaban. En situaciones de incertidumbre, se le exige al político que sea capaz de superar los límites de lo previsible.

Los ciudadanos creen que los partidos políticos no han sabido representar al conjunto de la sociedad. Poco importan los detalles, ahí están las consecuencias. Recuperar la confianza, es la primera responsabilidad de los partidos.

Crece el número de compatriotas que se sienten excluidos como consecuencia de la desidia del Poder o de sus decisiones, razón por la que se acaba quebrando la confianza entre las Instituciones y la sociedad, confianza necesaria para la cohesión social.

Las políticas regeneracionistas son la primera respuesta a la pérdida de confianza y afectan a la forma de hacer política, sin cuestionar lo sustancial, ni los principios que sirven para estructurar la organización y funciones de la sociedad.

La sociedad necesita políticos con más formación interdisciplinaria que especializada, que sepan aprovechar el trabajo en equipo y que puedan incorporar nuevos conocimientos que engrosen el patrimonio colectivo de la sociedad, al tiempo que sigan el pulso de lo cotidiano. En lo que se refiere a su perfil personal, es tan importante asumir que nadie debe hacerse rico en política como, entender que la política no puede ser el reducto de la mediocridad.

## Identidad colectiva

El Poder puede atribuirse la representación de una forma de ser y de hacer para afianzar la lealtad de los ciudadanos, pero ésta depende cada vez menos de quienes somos y cada vez más de lo que se haga para garantizar la cohesión de la sociedad.

La identidad colectiva puede ser aprovechada para sumar voluntades al entorno de un proyecto común pero la cohesión que del mismo pueda derivarse, ya no depende de la existencia de una identidad

> No se trata de averiguar quiénes somos, sino de saber hacia dónde vamos

cultural común, sino del éxito o fracaso del proyecto político. De la capacidad de las personas para distinguir entre identidad y cohesión, reside la fuerza de los ciudadanos, permitiendo posicionarse en relación a hechos y realidades, en vez de hacerlo por adhesiones.

En ausencia de políticas convincentes, se elude la crítica para aprovechar la diferenciación cultural o política: derecha-izquierda, capitalismo-socialismo... sustituyendo el compromiso hacia políticas concretas por la confrontación entre identidades de una u otra naturaleza.

*LA CONFRONTACIÓN ENTRE IDENTIDADES CONDUCE A VALORAR MÁS LAS ACTITUDES QUE LOS RESULTADOS.*

## Democracia

### Los ciudadanos valoran y los gobiernos deciden

La democracia no se reduce al ritual basado en el ejercicio del voto que garantice la alternancia política y otorgue legitimidad al ejercicio del Poder.

La cultura democrática nos enseña a convivir, a respetar las opiniones de los demás y a comprender que, en política, la consciencia colectiva es efectiva cuando se torna voluntad política, y constituye el mejor antídoto contra posiciones irreales.

- La democracia se sustenta en la unidad civil de los ciudadanos, con iguales derechos y obligaciones. Esa es la base de la cohesión política.

- El reto de un sistema democrático es el de conducir el progreso de la sociedad, con la complicidad de la consciencia política de los ciudadanos.

- El error del sistema democrático sería menospreciar a las minorías, imponiéndoles condiciones o formas de vivir que supusieran una negación de su identidad.

- Los ciudadanos excluidos tienen razones para cuestionar la legitimidad del Poder.

Cuando se quiebra la confianza entre el Poder y la sociedad que representa, los ciudadanos se sienten huérfanos y la consiguiente pérdida de autoridad política no se recupera con buenas palabras. De tales experiencias puede deducirse que, tras la crisis, el futuro mapa político dependerá más de cómo sea gestionado el cambio, que permita recuperar la autoridad política que se haya dilapidado.

## *Gestión política*

Desde el punto de vista de los ciudadanos, los valores culturales son, en la política, el equivalente al dinero, en economía: permiten valorar cada política o cada intercambio económico pero no deciden la política ni la fiabilidad de los bienes adquiridos.

Los ciudadanos podemos valorar las políticas de nuestros gobiernos y aprovechar las posibilidades del mercado para atender nuestras propias necesidades pero no tenemos capacidad para pronunciarnos sobre las innovaciones ideológicas que aplica el Poder a través de decisiones a puerta cerrada de las grandes potencias. Estamos a merced de las estrategias de las grandes

Lo que los ciudadanos esperan de la política es que sus representantes afronten la incertidumbre con realismo y que sepan anteponer las necesidades de los ciudadanos a cualquier ideología o credo corporaciones que anteponen sus intereses al de los ciudadanos. Esa es la trampa de la mundialización, encubierta por una falaz complicidad del Poder.

Siendo así, la soberanía política es una ficción. No puede haber soberanía popular ni democracia, mientras no se proceda a una constante verificación de cada una de las opciones ideológicas para que el modelo de gestión de la sociedad pueda ser decidido por el pueblo, a sabiendas de lo que supone adoptar políticas alternativas, en lo que se refiere a la valoración de riesgos. Ese es el reto del siglo XXI. No basta con valorar políticas que tengan cabida dentro del vigente modelo de sociedad: hemos de estar en condiciones de valorar alternativas que vayan más allá de la continuidad del modelo, para que los ciudadanos puedan ser dueños de su futuro.

Al afrontar los aspectos globales de la sociedad, la política no se reduce a una valoración de la experiencia. Tiene que involucrar a los ciudadanos en sus decisiones e integrar las innovaciones políticas que afectan a la estructura de la sociedad, el ritmo de su evolución y cualquier otra alteración que afecte al modelo de sociedad que hayamos adoptado.

El político tiene que estar en condiciones de explicar sus propuestas y decisiones sin necesidad de acudir a teorías. El ciudadano asume o rechaza propuestas políticas y no se le puede pedir que supla la mediación del representante político en relación con unas u otras teorías políticas, económicas, sociales o conceptuales.

## Cultura económica

El crecimiento económico ha dependido tanto del capital necesario para promover una inversión productiva como del rendimiento que producía. Por razones ideológicas se tiende a medir el rendimiento del capital, método suficiente hasta que:

*AUNQUE EL RENDIMIENTO DEL CAPITAL NO TENGA LÍMITE,
LO TIENE EL RENDIMIENTO DE LA ECONOMÍA REAL,
DESDE CUALESQUIERA DE LOS PUNTOS DE VISTA POSIBLES.*

Bajo un punto de vista racional, el desarrollo de la sociedad no puede depender del crecimiento indefinido, cuando tenemos límites en la disponibilidad de recursos y en el rendimiento de los procesos productivos utilizados en la economía real. Podemos confiar en nuevas técnica y esperar que nuevos descubrimientos permitan aplazar el fin del modelo de sociedad capitalista, pero ese fin deberá llegar en cualquier supuesto. Negarnos a asumirlo, sirve para negar lo evidente y conduce a desigualdades y cotas de sufrimiento humano que podríamos evitar si consiguiéramos la necesaria voluntad política.

## *Producción de recursos*

La experiencia nos enseña que el crecimiento económico se debe a la difusión de tecnologías que permiten una sensible mejora de la productividad, sustituyendo el esfuerzo físico de los trabajadores por el trabajo aportado por máquinas u otro tipo de automatismo. Adicionalmente, las economías de escala permiten obtener una mayor eficiencia productiva, pero su rendimiento se va reduciendo en la medida en que mejora la eficiencia de los costes logísticos y se difunden tecnologías de producción basadas en la técnica de "Just in Time" [26].

La productividad es una forma de expresar el rendimiento de cualquier actividad y se traduce en una mayor disponibilidad

El rendimiento productivo, aportado por la cultura industrial, ha permitido el desarrollo del capitalismo

---

26    Producir los elementos que se necesitan, en las cantidades necesarias, en el momento en que se precisan.

de bienes por persona empleada en la producción y en mayores beneficios para las empresas que consigan obtenerla. Por otra parte, la competitividad exige de cada empresa un creciente esfuerzo para mejorar su productividad.

El capitalismo asocia la eficiencia empresarial a la riqueza de las naciones hasta que el coste de la innovación productiva acaba siendo superior a los beneficios que pueda aportar. Alcanzado este límite, la empresa tiene que reinventarse para mantener sus beneficios. Con la mundialización, los beneficios empresariales dependen menos de la productividad y más de la externalización de la producción hacia otros países.

*CUANDO SE AGOTA LA EFICIENCIA PRODUCTIVA,*
*TENEMOS QUE ASUMIR QUE EL DESARROLLO DE LA SOCIEDAD*
*DEBE RECONSIDERAR SU ESTRATEGIA[27].*

Es iluso creer que los actuales problemas económicos tengan que ver con la deuda. No tendríamos dudas sobre su posterior devolución si estuviéramos convencidos de que se recuperará el crecimiento económico... pero tal eventualidad ni siquiera se contempla por quienes todavía creen en el funcionamiento del sistema capitalista.

Ante un escenario en el que los países desarrollados consiguieran un crecimiento anual acumulativo del 2%, en 20 años se doblarían las necesidades de recursos básicos (energía, agua, alimenticios...) provocando tal inflación en los precios que, los retos geopolíticos nos situarían al borde de una permanente confrontación.

El problema político es que, en vez considerar la estabilidad y la cohesión social como los objetivos del siglo XXI, nos hemos atrincherado en la convicción ideológica de que cualquier reforma

---

27    No se trata de renunciar al desarrollo o al crecimiento, sino de renovar las prioridades.

redistributiva depende del crecimiento económico, subordinando la política a la economía para atribuir al mercado una discrecionalidad y arbitrariedad que no toleraríamos a ninguna opción política a la que tacharíamos de totalitaria y antidemocrática.

*HEMOS VENDIDO NUESTRA DIGNIDAD POLÍTICA POR NO HABER DESARROLLADO LOS CONOCIMIENTOS NECESARIOS PARA AFRONTAR LOS RETOS QUE TENEMOS.*

## *Desarrollo económico*

La creencia de que pueda existir una correlación entre la inversión en capital y la mejora productiva es una falacia en la fase actual del desarrollo de los países desarrollados. Puede que así sea desde el punto de vista empresarial, pero es falso desde el punto de vista de la disponibilidad de recursos para un país o sociedad. Resumiendo:

* La riqueza de las naciones se basa en su eficiencia productiva.

* Los beneficios empresariales se deben al rendimiento obtenido por su capital, pero no tienen por qué traducirse en desarrollo económico.

* La productividad no equivale a competitividad.

Al valorar la competitividad como sustitutiva de la productividad, las empresas trasladan parte de su actividad a otros países, con lo que mejoran sus beneficios, pero reducen la riqueza de dicho país, que acaba dependiendo de bienes producidos en otros territorios. Por añadidura, como consecuencia de la competitividad internacional, los empresarios desestiman competir con bienes producidos en países de bajos costes productivos, salvo que la competitividad acabe siendo cuestión de valor añadido.

Con la mundialización aplicada tras la crisis de 1993, se ha registrado una masiva transferencia de actividad de los países desarrollados a países emergentes. La excepción afecta a unos pocos países que han podido mantener un superávit comercial, gracias a que su riqueza se basa en la demanda de países en desarrollo, demanda que desaparecerá cuando esos países sean autosuficientes en la producción de bienes de equipo.

En ese proceso, hemos olvidado principios tan evidentes como los de que:

- La renuncia a producir recursos propios, conduce al suicidio colectivo.

- Cuando la adicción ideológica[28] impide comprender aspectos elementales de la vida, sus convicciones acaban siendo más peligrosas que la drogodependencia.

- El comercio internacional se basa en el valor atribuido a la compra/venta de bienes y servicios. No es dinero lo que se intercambia, sino bienes y servicios.

- Cuando se confunde el dinero con bienes o recursos, la tradicional distinción entre quienes compran y venden, equivale a la distinción entre quienes producen y quienes gastan. Está claro que no se puede gastar más de lo que se tiene, sin endeudarse.

### Estructura económica

La estructura económica ha sido fácilmente percibida por los ciudadanos y se basa en la estratificación social de las personas, en función de su riqueza. Poner fin a las desigualdades ha sido uno

---

28   Se produce dependencia ideológica cuando olvidamos que la razón de ser de cualquier ideología es la de permitirnos comprender y gestionar la sociedad. La ideología es un instrumento cognitivo.

de los propósitos de la mayoría de programas políticos, con la excepción de quienes siguen creyendo que el desarrollo económico se debe a la capacidad de reinversión de los capitalistas que asumen los riesgos[29] de apostar por el crecimiento económico.

Hay otro tipo de estructura económica que depende del uso que se haga del dinero. Son datos estadísticos relacionados con cada tipo de actividad y de ratios que puedan expresar la interrelación entre diversas magnitudes o su evolución. La gestión de tales datos es lo que se conoce como "macroeconomía" y permite especular sobre su evolución, partiendo de proyecciones estadísticas más o menos sofisticadas.

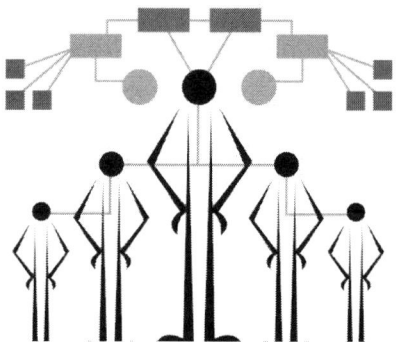

*La economía real nada tiene que ver con la representación virtual de la estructura macroeconómica*

Ese tipo de prospectiva ofrece predicciones razonables cuando la economía se encuentra estabilizada. Cuando no es así, el desconcierto de los economistas es total, y se recurre a teorías que dependen de la interpretación de experiencias de orden similar. Se dice de los economistas que nunca se anticipan a los acontecimientos y que explican lo sucedido después de haber pasado.

La política económica tan solo puede estimular o reducir la actividad, salvo que se utilicen recursos del Estado para invertirlos en actividades que deben ser desarrolladas, aunque sea en detrimento de otras[30]. Mientras, cualquier predicción económica acaba siendo un camelo porque en el capitalismo la inversión depende del

---

29    Los problemas derivados de cualquier crisis son los de que los inversores procuran minimizar los riesgos. Es decir, no están cuando se les necesita.

30    Esa fue la filosofía de la reconversión industrial de la década de los '80.

mercado de la misma forma que el crecimiento económico depende de la productividad y ésta no se regula por la economía, dejando la decisión en manos de las empresas que, se supone, responderán atendiendo a sus intereses y eso es lo que efectivamente hacen: llevan la producción a los países que sean más competitivos, por unas u otras razones.

## *Cultura del Poder*

Como consecuencia de la gestión de la crisis se observa la presencia de un poder[31] situado más allá de la soberanía de cualquier país o grupo de países: dependemos de criterios ideológicos utilizados por el Poder para gestionar la economía, hasta el extremo de instituirse en firmes adversarios de la soberanía popular.

Esa nueva realidad se debe a que las doctrinas que sirven para gestionar la economía, han sido capaces de imponer su lógica

El Poder se alimenta del crecimiento económico

interna, ante la ausencia de otras convicciones capaces de relativizar la primacía de los aspectos económicos, representativos del Poder. Los que siguen, resumen los criterios ideológicos sobre los que se legitima ideológicamente el capitalismo:

- El mercado es el mejor instrumento para asignar recursos.

- El crecimiento económico depende de los beneficios privados.

- Los servicios públicos generan gastos porque no producen beneficios.

---

31  Cada dos meses, una docena de banqueros centrales se reúnen en Basilea para intercambiar información y tomar decisiones financieras que afectan a todo el mundo. Es la mayor concentración de poder que en el mundo haya existido jamás. Son secretas sus deliberaciones y no responden ante los ciudadanos ni ante sus gobiernos. Tienen en común que estudiaron en el MIT.

- La mejor incentivación económica es la reducción de las cargas fiscales.

- La desregulación se traduce en mayor competitividad.

Esa es la estructura ideológica que se supone debe aportar el crecimiento económico necesario para mantener las obligaciones del Poder. También han sido los criterios que han permitido legitimar las políticas que nos han llevado a la crisis. Por añadidura, los países desarrollados han cedido su tradicional poder para transferirlo a empresas multinacionales y a los países productores de bienes, poniendo de manifiesto que:

*EL PODER YA NO DEPENDE DEL DINERO DISPONIBLE SINO DE LO QUE PODAMOS HACER CON EL MISMO.*

La transferencia de poder hacia países productores ha sido consecuencia de una concepción de la sociedad y de la economía equivalente a la suma de decisiones particulares. Convicción que da lugar a que el poder del Estado languidece, mientras crece el de las empresas multinacionales. En otras palabras: *LA ECONOMÍA FORTALECE EL PODER PARTICULAR DE QUIENES TIENEN DINERO A COSTA DEL INTERÉS GENERAL DEL CONJUNTO DE LA SOCIEDAD.*

En tales condiciones, quienes tienen dinero, mejor identificados como "mercados", son capaces de derribar gobiernos, arruinar países y doblegar poderosas instituciones. El liberalismo dedicó grandes esfuerzos a garantizar la división de poderes del Estado pero no dudó en atribuir a los "mercados" y a las teorías económicas un poder omnímodo que ha conducido a decisiones erráticas, inconexas y arbitrarias: contrarias al interés general de la sociedad que pretendían defender.

No son torpes los gestores de la economía pública, tampoco podemos esperar que decidan a partir de criterios morales: simplemente, adecuan sus decisiones a la racionalidad con la que han gestionado su experiencia económica y reforzado sus convicciones ideológicas.

Por tanto, el Poder no reside en los "mercados" por decidir en su propio beneficio, sino por la función que la sociedad les ha asignado.

## *Crisis del Poder*

**El Poder no es un derecho jerárquico sino el gestor
de la responsabilidad de dirigir y aplicar la voluntad popular**

Como consecuencia de la crisis, asistimos a la lucha del Poder para recuperar sus recursos a través de la economía de mercado y la pretensión ciudadana de controlar el Poder a través del sistema democrático, pero ambas pretensiones producen más frustraciones que resultados, porque se ignoran los criterios ideológicos que pudieran traducir ideas y deseos en decisiones capaces de revertir la situación.

> Mientras el Poder no dependa de la voluntad de los ciudadanos, languidecerán los servicios públicos y crecerán las desigualdades

No necesitamos declarar la guerra a los "mercados", basta con cambiar su función en la sociedad. Los ciudadanos tenemos derecho a organizar la sociedad de nuestra preferencia: falta conocer la forma de hacerlo y ese es el propósito de la innovación política[32].

Para el razonamiento democrático, el poder no depende del dinero, sino de la voluntad de los ciudadanos y ésta, de su consciencia política. Por tanto, el poder depende de los conocimientos que la

---

32    La innovación es el instrumento de cualquier cambio político y la sociedad poscapitalista supone el desarrollo de un modelo de gestión que permite gestionar la crisis
sistémica del capitalismo.

sociedad asuma como propios y con la convicción necesaria para estar dispuestos a luchar por su aplicación y difusión.

En el diseño del Poder, las instituciones son instrumentos de la sociedad dependientes de la voluntad soberana del pueblo, gestionadas en función de la confianza que sus representantes democráticos hayan merecido. Para estar en condiciones de gestionar la crisis esos son los criterios mínimos sobre los que debería haber consenso:

• No deben imponerse decisiones contrarias a la consciencia política de los ciudadanos.

• Las instituciones no son instrumentos del Poder sino de la sociedad.

• La representación democrática no es un mandato, sino una cesión de confianza.

• El sistema democrático debe garantizar que las decisiones adoptadas se correspondan con los compromisos adquiridos con el electorado.

No se puede aplicar desde el Estado, una moral o racionalidad distinta a la que pueda ser comprendida y asumida por la sociedad. La disociación del Poder respecto a la moral colectiva, acaba distanciando la política de las convicciones ciudadanas. Más allá de tales reflexiones, cabe recordar una obviedad: los ciudadanos son los únicos legitimados para equivocarse porque ellos son los que se benefician o sufren sus consecuencias.

## Gestión del Poder

Cuando la decisión política ya no depende del posicionamiento ideológico, depende del compromiso político contraído con los ciudadanos. Se trata de asumir que una mayor exigencia democrática, hace depender la gestión del Estado de la legitimidad obtenida de la sociedad gracias al voto recibido de los ciudadanos. Dos son los componentes de la confianza recibida: el compromiso y la autoridad.

Con respecto a la autoridad política, no basta con cambiar el discurso o resituar a los responsables políticos. Se recupera la autoridad cuando se percibe que la política, en vez de depender de la discrecionalidad, depende de la consciencia política de los ciudadanos.

La consciencia política puede ser compartida por casi todos los miembros de una sociedad, pero la aplicación de las políticas concretas, depende más de los valores aplicados en la decisión que de la identidad de cada partido[33] político.

La política democrática no se agota legitimando el Poder. La soberanía popular convierte a los ciudadanos en depositarios de un poder que pueden delegar en los partidos, en los términos

> En la sociedad poscapitalista, el Poder renuncia a su discrecionalidad para desarrollar su compromiso con la sociedad

descritos en el Contrato Social, más allá del mandato electoral.

El Contrato Social vincula al Gobierno durante su mandato democrático, al partido político y a sus diputados. Es lo más parecido a un proyecto político y puede precisar varias legislaturas para su desarrollo.

## Compromisos

El desarrollo económico puede ser consecuencia de una mayor eficiencia de la sociedad o de un mejor rendimiento colectivo,

---

33    La razón de ser de cada partido suele ser racional y finalista y los valores constituyen el aspecto subjetivo con el que se aplican las políticas concretas.

pero lo importante depende de qué aspectos de la vida cotidiana se pretende desarrollar en complicidad con el Poder.

No hay razones para cambiar la terminología o las formas del relato que tiene que describir cada proyecto, programa o contrato social. Lo que importa es el contenido del discurso

**Las personas se involucran emocionalmente pero se comprometen racionalmente**

y su capacidad para sintonizar con la consciencia política de los ciudadanos. El político podrá razonar de forma distinta, con otras prioridades, con mejores instrumentos... pero el compromiso debe ser concreto y verificable.

Pueden cambiar las alianzas, convicciones, tradiciones y leyes... Lo que no cambia es que los ciudadanos son los destinatarios de cualquier política, asumiendo que no hay más "verdad" que la asumida por la ciudadanía. Los ciudadanos merecen una información franca, realista y elaborada para la comunicación de ideas y objetivos. Cada compromiso tiene sus propias ventajas e inconvenientes que deben ser evaluados y divulgados.

En vez de postular posiciones inequívocas, deben compartirse las razones por las que se hacen unas u otras valoraciones. Hay motivos para desconfiar de quienes se limitan a pedir un voto de confianza o postulan ideales difusos. Hay que poner fin a los especialistas en hablar mucho para no decir nada, dando por supuesto que su opinión es parte de un sesudo conocimiento y que sus pronósticos son deterministas.

Las alternativas políticas que se presentan como única opción, descalificando otras alternativas, se corresponden con una herencia que razonaba en términos totalitarios y paternalistas.

No se debería afrontar la diversidad de posiciones, descalificando al adversario, sino explicando las razones de la posición que se proponga, con criterios racionales avalados por los valores que se profesan, en concordancia con la propia moral colectiva.

## Cambio ideológico

Las posiciones ideológicas acaban representando posiciones dependientes de la gestión del Poder desde las instituciones. Suelen contar con una racionalidad dependiente de los resultados, aunque solo sea para hacer comprensible el debate político.

Cuando las decisiones inducidas por convicciones ideológicas no consiguen los resultados previstos, las posiciones se radicalizan hasta el extremo de convertir el debate en diálogo de besugos: se enfrentan sentimientos, con posiciones utópicas o ajenas a soluciones.

La disfuncionalidad ideológica se acaba cuando ambas partes se convencen de que deben empezar a razonar de otra manera. Mientras tanto, la derecha seguirá empeñada en acentuar la competitividad, aunque no haya dinero para consumir y la izquierda postulará incentivar la demanda, sin contar con el dinero que permita hacerlo[34].

No asistimos a la necesidad de afrontar un cambio ideológico, sino ante la necesidad de transformar el modelo social. Eso significa cambiar la forma de organizar la sociedad, el Poder, la producción y la economía y ese tipo de cambio debería hacerse por consenso al entorno de puntos concretos que vayan definiendo el ritmo y las prioridades del cambio.

---

34  Se da por supuesto que la izquierda acentuaría la presión fiscal a las grandes fortunas, pero tales medidas podrían conseguir una recaudación adicional del 5% del PIB, importante pero insuficiente para afrontar la crisis.

## Función política

**De poco sirve organizar la sociedad si se olvida
que se está gestionando la voluntad y la vida de los ciudadanos**

El político gestiona las opciones globales. Su formación debe ser interdisciplinaria, valorando más la capacidad para conocer y relacionarse con las personas que su capacidad para hacer un análisis financiero o diseño tecnológico. Sus méritos dependen más de la experiencia acreditada que de su formación académica.

La gestión política o global, es tan necesaria en actividades públicas como privadas. Son responsables de mediar entre la gestión de los aspectos globales de una organización y las personas que dependen de ella.

Necesitamos políticos involucrados con los ciudadanos, revestidos de la autoridad necesaria para garantizar la cohesión social

Lo importante es percibir que estamos pasando de un modelo de organización social y empresarial dependiente de la gestión del dinero a un modelo más complejo e interdependiente que requiere razonar globalmente la gestión de organizaciones humanas porque su comportamiento depende de la interactividad con un entorno humano, social, empresarial...

## Activos sociales

Cuando una empresa selecciona un nuevo emplazamiento para sus actividades, evalúa los parámetros del entorno que afecten a su competitividad. Se valoran aspectos que favorecen la eficiencia empresarial, aunque hubiesen sido diseñados con criterios genéricos, pensando en sus necesidades estratégicas.

Los activos más importantes tienen que ver con servicios públicos para garantizar la igualdad de oportunidades entre ciudadanos. A destacar: la sanidad pública y universal, la educación pública, la protección social y servicios sociales.

Los activos sociales de cada país son de uso común para ciudadanos y empresas. La diferencia estriba en que la empresa valora el activo social para sus necesidades económicas y el Estado gestiona los activos sociales según hayan sido sus prioridades ideológicas, de acuerdo con su concepción del interés general o global.

Los activos sociales son diferentes en cada país y pueden serlo dentro de una misma sociedad. Tienen que ver con la historia, cultura, cohesión social, capacidad para asimilar y aplicar nuevos conocimientos, formación profesional y académica…

> El desarrollo de las naciones, depende de la eficiencia que pueda obtenerse del conjunto de sus activos sociales

Adicionalmente, también importa el acceso a servicios públicos, la eficiencia de instituciones públicas especializadas, la dotación de infraestructuras… Son tan importantes los activos tangibles como los intangibles.

Los activos también tienen que ver con el modelo de gestión ambiental, con las exigencias legales que afecten al ciclo de vida de los bienes producidos, con el aprovechamiento de recursos naturales, con la eficiencia de la Administración del Estado, con la autoridad de las instituciones, la moral colectiva…

## Otros criterios

Más allá de los aspectos comentados sobre los activos sociales, para valorar la potencial gestión de la eficiencia global de la sociedad, cabe tomar en consideración otros aspectos:

- En la valoración de la inversión pública, es tan importante el mantenimiento durante su vida útil, como el coste de la inversión.

- La infrautilización de cualquier servicio público acaba siendo un despilfarro.

- Activos sociales dependientes de la cultura o del conocimiento, acaban siendo tan importantes como las infraestructuras y servicios públicos.

- No puede hacerse una gestión eficiente del conjunto de la sociedad sin conocer los aspectos subjetivos que regulan y valoran su funcionamiento.

- La resistencia de algunas confesiones religiosas a condicionar las decisiones a su bendición, sigue siendo un obstáculo para el desarrollo de una sociedad libre y emancipada, al entorno del librepensamiento.

- En un mundo globalizado, empresas, mercados y servicios financieros, dependen de la competitividad de los activos aportados por cada país.

- La creciente desatención de la soberanía popular por razones económicas, conduce a un desplazamiento del Poder hacia la jurisdicción judicial.

# III. Evolución de la dinámica social

## Innovación política

### Actividades semejantes conducen a resultados distintos cuando su evolución depende la interacción con otras actividades de la misma sociedad

El *capitalismo* se organizó en un momento histórico en el que la prioridad de cualquier sociedad dependía de su capacidad para afrontar la escasez. En la actualidad, cada país desarrollado puede multiplicar el valor de los bienes que necesita, pero debe decidir el propósito de su distribución, porque de ella dependen las condiciones que se exigirán a la gestión de bienes y servicios.

En vez de organizar una sociedad dependiente del crecimiento económico, se organiza una sociedad capaz de distribuir los bienes y servicios, que sean producidos a partir de los propios recursos humanos y materiales.

## Razonamiento

El razonamiento selecciona la información de nuestro entorno para interpretar y gestionar su evolución.

Ha sido la síntesis entre el razonamiento formal y la percepción emocional la que ha permitido diseñar las ideologías que conocemos. El problema subyacente a las interpretaciones ideológicas es el de que puede caerse en el equívoco de tratar las valoraciones como si fueran conceptos absolutos, razón por la que las decisiones políticas pueden acabar siendo tratadas como inequívocas.

Mientras el razonamiento causal permite comprender la evolución de sistemas cerrados conociendo el comportamiento de sus variables, los sistemas abiertos evolucionan en función de variables heterogéneas o externas al conjunto de la realidad observada. Bajo un punto de vista político, la complejidad del razonamiento se debe a la necesidad de interpretar la evolución del conjunto de la sociedad pues ésta se comporta como un sistema abierto.

Conocidas las dificultades para gestionar un sistema abierto, se acude a la argucia de delimitar funciones de la sociedad en relación con la finalidad que se les atribuya. Cada sociedad es un sistema cuya finalidad es la de garantizar la supervivencia de sus ciudadanos y su estructura está formada por tantos sistemas como finalidades parciales puedan delimitarse.

> De la racionalidad depende el conocimiento necesario para decidir, de los valores depende la voluntad política

Se sobreentiende que la finalidad de cada uno de los sistemas debe ser coherente con la estrategia que cada sociedad defina para sí, en relación con su supervivencia, razón por la que las finalidades deben ser conceptuales y su estructura se basa en una relación conceptual interdependiente. Para gestionar cada sistema se aplica el razonamiento deductivo.

## Conocimiento político

En vez de interpretar la experiencia histórica partiendo del conocimiento que tengamos en la actualidad, tendremos que observar la evolución de los hechos para gestionar procesos históricos. No se trata de interpretar lo que sucedió, sino de conocer la dinámica histórica para incorporar la evolución de la sociedad a la interpretación que hagamos de la realidad.

Para la gestionar cualquier conocimiento político, es importante reconocer su dinámica histórica, el aspecto funcional del comportamiento, los valores que hayan sido de aplicación y la naturaleza del cambio experimentado. Esa percepción global es la que mejor permitirá conocer la realidad en que vivimos y la forma de afrontarla.

Los conflictos políticos pueden ser asumidos, reinterpretados o reconvertidos por la sociedad, lo que no puede hacerse es intentar resolverlos a partir de criterios unilaterales, pues en una sociedad entre iguales, no puede haber ni vencedores ni vencidos.

La mayoría de las decisiones políticas suponen adaptar una realidad a la finalidad del sistema que se proponga desarrollar o al entorno que pretendemos proteger. Bajo un punto de vista racional se trata de un simple razonamiento deductivo.

Los conocimientos políticos[35] fueron definidos en su día a partir de criterios ideológicos que tomaban en consideración los efectos que tenían que producir en su entorno inmediato. La innovación política tendrá que adaptar el conocimiento histórico a las consecuencias de la evolución política experimentada por la sociedad.

En vez de contar con un único modelo de sociedad, podemos adaptar la sociedad que tenemos a las posibilidades del entorno social y al desarrollo de la voluntad popular. Aspectos sistémicos a tener en cuenta cuando se pretenda definir un discurso político:

- Se razona en términos sistémicos y se decide sobre realidades concretas.

- Si la finalidad atribuida a cada sistema permite regular la estructura de la sociedad, las interacciones entre ellos regulan su evolución.

---

35   El Estado, la soberanía, la nación, la democracia, la justicia, la división de poderes, la consciencia política, la moral colectiva...

- En vez de gestionar el Poder, se gestiona la sociedad.
- La supervivencia no depende de la explotación de países o personas, sino de la cohesión de la propia sociedad.
- Son más temibles los propios errores que las amenazas exteriores.
- Aunque el desarrollo de cada país suponga adaptar su entorno a las necesidades de su sociedad, ésas deben ser sostenibles respecto a la regulación de su entorno inmediato.

## *Diseño ideológico*

### El capitalismo gestiona los mercados
### y el poscapitalismo organiza la sociedad

En la sociedad capitalista, la gestión político-económica se ejercía a través de valores. A destacar que el liberalismo y la democracia dependen de la percepción e interpretación de la "libertad". La justicia ha pretendido gestionar la "igualdad" de derechos y el Poder gestionaba el interés general con criterios fraternales o "solidarios".

En tales condiciones, el discurso ideológico aporta la racionalidad que permite tomar decisiones derivadas de la prioritaria gestión de valores, permitiendo azuzar la implícita voluntad política del discurso. Lo mismo sucede con la economía[36]: Se diseña el relato que permita afianzar la complicidad entre la representación política y el elector, respecto a las prioridades de cualquier gobierno, acompañadas de su correspondiente valoración presupuestaria.

> Los aciertos ideológicos del pasado, acaban siendo los errores del presente

---

36    Los valores son en política, el equivalente al valor del dinero en economía.

Aunque las tradicionales ideologías hayan sido desbordadas, no tenemos la misma apreciación respecto a las doctrinas económicas. El equívoco se debe a que la opinión pública ha sido bombardeada con mensajes que tratan a la economía como una ciencia, ignorando que es ideología todo cuanto tenga que ver con la valoración de las actividades humanas.

Como quiera que las doctrinas económicas se limitan a gestionar el mercado para favorecer el entorno propicio al crecimiento de la economía, tras cada una de las grandes crisis económicas, se acaban postulando políticas que ensanchan los mercados hasta llegar al límite que tenemos en la actualidad con una situación teórica de libre mercado mundial en el que todo es susceptible de comprar o vender.

Las teorías sobre la función del mercado pudieron verificarse, mientras se daban condiciones en las que podía mejorarse la productividad y dejaron de hacerlo cuando el rendimiento de la actividad productiva fue inferior al coste financiero del dinero[37]. Cuando las teorías dejaron de verificarse, sobrevino la crisis sistémica, pudiendo inferir que:

Con tales evidencias, podemos convenir en dar una oportunidad a quienes se consideran unos expertos económicos y viven de ello, pero tarde o temprano, tendremos que reconocer la realidad de que el crecimiento ha menguado, razón por lo que:

*TENEMOS QUE ESTAR EN CONDICIONES DE GESTIONAR SIN CRECIMIENTO, EL DESARROLLO DE LA SOCIEDAD, SU ESTABILIDAD Y COHESIÓN SOCIAL.*

---

37  Comentaremos más adelante las discutibles posibilidades de la competitividad, pues esa se hace dependiente de que otros países nunca puedan desarrollarse porque el mercado mundial acaba especializándose.

## *Retos del siglo XXI*

El ciudadano, acostumbrado a valorar las decisiones que afectan a su sociedad y a valorar las necesidades que pueda cubrir con su trabajo, no puede comprender que, súbitamente, su futuro y el de su sociedad, dependa de retos o decisiones ajenos a cualquier lógica conocida. No se trata de afrontar un cataclismo, sino de observar cómo las cosas suceden en contra de cualquier previsión. Es como si le hubiésemos dado la espalda a la realidad.

Aunque políticos, expertos y medios de comunicación se refieran a aspectos económicos de la crisis, nuestros principales retos no dependen del dinero que hayamos podido malgastar[38] sino de: las dudas sobre nuestras convicciones, la insolidaridad de países y grupos sociales, del pesimismo que captamos y de la percepción de que afrontamos una crisis que no parece tener fin. Esa es la valoración más difundida sobre nuestra percepción de la realidad:

> Los retos de nuestra sociedad van más allá de sus aspectos políticos o económicos

- No basta con conocer lo que está pasando. Necesitamos comprender lo que ha sucedido para poder contrarrestar los retos vinculados a la crisis.

- La crisis afecta a todos los países, empezando por los más desarrollados. Es una crisis política, social y económica.

- El sentido común nos advierte que no podemos confiar en los expertos e instituciones que nos metieron en la crisis.

- Mientras la economía dependa de la competitividad, perderán protagonismo los pueblos que sean menos competitivos o que prefieran escoger otra forma de vivir.

---

38    Cada persona sufre las consecuencias de que la sociedad ha gastado por encima de sus posibilidades. La responsabilidad de haberlo hecho posible y fomentado, es de las instituciones públicas y privadas.

- El mercado selecciona los bienes más competitivos, pero no regula la eficiencia[39] en que se hayan producido. Al mercado le basta con seleccionar las condiciones en que se un mismo bien pueda producirse a bajo precio. Es decir favorece a: los países en que se explota a los trabajadores, los bienes que se producen ignorando la protección medioambiental y a quienes niegan los derechos de quien sea con tal de producir más barato.

- La Civilización Occidental ha tratado las doctrinas económicas como si fueran las profecías del siglo XX, pero son responsables de la crisis que sufrimos.

- Aunque la mayoría de la sociedad esté en crisis, el mercado de capitales sigue próspero.

- Los valores tradicionalmente utilizados para decidir políticas, siguen siendo necesarios pero no sirven para decidir sobre un cambio de modelo de sociedad.

*NECESITAMOS COMPRENDER LO SUCEDIDO
PARA ESTAR EN CONDICIONES DE AFRONTARLO.*

## *Dinámica social*

**La dinámica social se debe a la innovación técnica,
social y política**

Aunque produzca beneficios la generación de cualquier nueva actividad, el crecimiento económico seguirá dependiendo del rendimiento y éste de la eficiencia obtenida en la aplicación de innovaciones, que afecten a la organización de la sociedad o de

---

39  Entiéndase la eficiencia como la simbiosis entre el rendimiento obtenido por la producción y el rendimiento aportado por los activos de la sociedad, no involucrados directamente en la producción.

la producción. Estos son los aspectos técnicos que afectan al desarrollo, pero poca sería su influencia sobre la movilidad social si lo hiciéramos depender del mercado.

La movilidad social que el capitalismo atribuye al interés personal, el poscapitalismo lo reserva a la meritocracia y a la igualdad de oportunidades. Resumiendo:

- En el capitalismo, el mercado ofrece oportunidades a quien las aproveche para enriquecerse.

- En el poscapitalismo, la sociedad ofrece oportunidades a quienes acrediten capacidad y méritos para gestionar la complejidad[40].

- En el capitalismo, el sistema financiero proporciona créditos a quienes puedan ofrecer un buen plan de negocio.

- En el poscapitalismo, la sociedad avala los proyectos que puedan atender necesidades no cubiertas por otros medios o sucedáneos.

La recompensa social en el capitalismo depende del éxito económico y en el poscapitalismo, la recompensa social depende de la responsabilidad social asumida.

En la empresa capitalista, el valor de cada persona depende del dinero que sea capaz de hacer ganar a las empresas. El poscapitalismo pone en valor la responsabilidad de las personas de las que dependa el futuro de otras. No se trata de una nueva utopía, sino de experiencias cada vez más difundidas y que deberían ser de general aplicación para generalizar las oportunidades de una nueva renovación social y su consiguiente estructura clasista.

Cuando simplificamos el razonamiento:

---

40    La capacidad para dirigir equipos de trabajo es más relevante que los conocimientos técnicos personales.

- El capitalismo pretende sacar el máximo rendimiento del capital.

- El poscapitalismo pretende sacar el máximo rendimiento del trabajo y del compromiso[41].

No son frases estereotipadas. El rendimiento del capital es una cuestión que puede confiarse a un ordenador[42]. El rendimiento de una sociedad incorpora aspectos subjetivos y de gestión más global, que solo pueden ser gestionados por personas.

Estamos proponiendo cambios de orden cultural que no dependen de lo que digan las leyes. Esa es la razón por la que insistimos en considerar el poscapitalismo como un proceso, en el que deberán producirse adaptaciones difíciles de aplicar hasta tanto no sean abandonados los hábitos tradicionales. El problema más importante será para aquellas culturas en las que la formación de equipos y la consecución de un puesto de trabajo depende más de la confianza personal que de los méritos adquiridos.

## Consciencia política

### La consciencia política no puede imponerse

Aunque la percepción global de una sociedad se forma a partir de datos objetivos, éstos deben ser compatibles con nuestra percepción emocional. El discurso ideológico debe sustentarse en criterios comprensibles para cualquiera, aunque su valoración pueda ser distinta. El imaginario colectivo se basa en una percepción racional de la realidad pero su interpretación se hace dependiente de una percepción emocional que puede ser distinta para cada persona en particular.

---

41    La posibilidad de que ese sea un criterio sostenible pasa por la capacidad actual de minimizar el trabajo físico de las personas en los países más desarrollados.

42    Los bancos han llegado a confiar el riesgo de sus créditos a un ordenador.

La conjunción del imaginario colectivo sustentado por una semejante percepción emocional, forma lo que se suele definir en términos de consciencia política.

> La consciencia política expresa una común forma de posicionarse sobre el funcionamiento de la sociedad

La consciencia política evoluciona a partir del momento que las personas aprenden a razonar de otra forma y a comprender otras realidades. En otras palabras, cualquier nueva ideología se basa en diseñar un escenario racional a partir de experiencias conocidas, pero que sea capaz de suscitar un deseable entorno emocional.

En tales condiciones, el impulso emocional nos hace desear nuevas realidades y permite diseñar nuevos escenarios. De esa dinámica depende gran parte de la dinámica social, con la condición de que sea la opinión pública la que seleccione los impulsos emocionales que sean de su preferencia. En caso contrario, la selección del impulso emocional será llevada a cabo por el Poder instituido. En términos prácticos:

- Si los escenarios para afrontar la crisis se basan en la percepción emocional del Poder, se seguirá profundizando en las oportunidades del crecimiento económico.

- Si los mismos escenarios son diseñados desde la sociedad, se intentará gestionar la sociedad a partir de criterios que supongan poner fin a las desigualdades y a la incertidumbre.

De acuerdo con la tradición política la iniciativa de los cambios ha sido confiado a los expertos que sirven al Poder. Esa es una lógica conocida. Lo nuevo y objeto de denuncia es que:

> Cualquier cambio debe diferenciar entre lo que deberá permanecer y lo que deberá renovarse

Cuando el Poder decide aplicar cambios que supongan redefinir el modelo de sociedad, basta una conversación ente dirigentes de las grandes potencias, pero cuando se necesita impulsar cambios legales, basados en la iniciativa popular, los obstáculos acaban siendo insuperables.

Ninguna sociedad puede asumir la voluntad de cambio político real, sin conocer los mecanismos del Poder y la gestión de la consciencia colectiva. Cuando haya cambiado la consciencia política estaremos en condiciones de aprovechar el empuje social de la voluntad política para adaptar la sociedad a la nueva realidad deseada por los ciudadanos.

## *Valores culturales*

Como quiera que la interpretación de la realidad tiene una vertiente racional acompañada de una percepción emocional que valora lo que representa para nosotros, podemos identificar las realidades que susciten un sentimiento similar. En eso se basa la selección de políticas y la capacidad para discernir entre los hábitos culturales, los que induzcan una percepción emocional similar. A esa percepción emocional la reconocemos como valor cultural cuando se refiera a la selección de hábitos culturales.

En la medida que los valores nos posicionan respecto a cuanto suceda en nuestro entorno, la disminución de expectativas, acaba difuminando la escala de valores asimilada a lo largo de nuestra vida. Ese es un grave problema moral y político.

*Los valores permiten interpretar nuestra percepción emocional de la realidad*

La escala de valores permite valorar nuestra experiencia, pero no va asociada a las decisiones particulares, igualmente dependientes de la ética personal y de la racionalidad. Son la moral colectiva y la escala de valores los complementos necesarios para consolidar nuestros hábitos culturales y la experiencia colectiva.

Para comprender la repercusión de la crisis política, nada mejor que valorar la medida en que se verifica la escala de valores que ha permitido legitimar las sociedades basadas en la modernidad y las decisiones democráticas:

- La cultura democrática desarrolla los valores que unen a las personas, en vez de aupar las diferencias que pueda separarlas.

- Las diferencias ayudan a decidir, las afinidades permiten construir.

- Los derechos civiles y políticos nos hacen iguales y la economía nos hace desiguales.

- Los intereses particulares deben ser compatibles con el interés general.

La respuesta anímica a la crisis está potenciando las desigualdades hasta el extremo de conducir a la exclusión de una proporción creciente de la sociedad y a la negación de un posible y necesario interés general que nos involucre. La resultante de la crisis equivale a proclamar:

*¡Sálvese quien pueda!*

## Moral colectiva

Se asume y adopta una moral colectiva cuando se constata que las expectativas personales dependen tanto de la sociedad como de las decisiones personales. Cuando cambia la consciencia política, también lo hace el referente desde el que se formulan criterios y valores.

La moral colectiva depende de nuestra consciencia política, tratando de afianzar hábitos culturales de carácter civil, acordes con la posición en la sociedad en que vivimos y de la posición que quisiéramos asumir por méritos propios.

> La moral colectiva nos informa del comportamiento exigible a cada persona para que pueda integrarse en la sociedad

Esos serían aspectos distintivos en una consciencia política poscapitalista.

- Si las raíces culturales son el fundamento experimental de cada persona, el propósito de imponer una cultura es más agresivo para la condición humana que el de imponer unas ideas.

- No hay soluciones para problemas que carezcan de diagnóstico.

- Si la religión es patrimonio de convicciones individuales, deberán ser laicas las instituciones públicas para que puedan estar al servicio de todos.

- Las expectativas de futuro no son escenarios predecibles, sino horizontes a los que podemos dirigirnos si sabemos gestionar la innovación política.

- Los bienes y servicios públicos son de todos[43].

- La sociedad poscapitalista no valora a las personas por lo que tienen sino por su aportación al conjunto de la sociedad.

- La moral civil tiene que ser compatible con la moral colectiva y con el interés global.

---

43   Quienes consideran que lo público no es de nadie, consideran la propiedad como un derecho personal de pertenencia, ignorando que cualquier derecho depende del poder público que lo garantiza.

- En cuanto a valores, la autoridad y la complicidad, tenderán a suplir el Poder y la competitividad agresiva.

- La función pública de la judicatura no es la de impartir justicia sino la de gestionar las leyes que interpretan la moral colectiva con criterios tan racionales como sea posible.

- El propósito de las leyes no se reduce a regular intereses contrapuestos sino a salvaguardar el interés público por encima del interés privado.

- La credibilidad judicial depende más de los procedimientos que de las sentencias.

- Las sentencias que no se cumplen, contribuyen a cuestionar la finalidad de la judicatura.

- Por racionales que sean las sentencias, acaban siendo una valoración de los hechos.

- La actividad de las autoridades públicas debe ser ejemplar y ejemplarizante la justicia que se les aplique en cualquier supuesto de abuso de poder o autoridad.

- La solidaridad no es una obligación sino la contribución a la cohesión social.

Algunos valores procedentes de la experiencia histórica, deben ser recordados en unos casos y enfatizados en otros:

* No hay recompensa sin esfuerzo.

* La libertad de cada persona termina donde empieza la de los demás.

* Aunque la ley nos trate como iguales, la vida puede hacernos diferentes.

* La disciplina personal es la contribución a la eficiencia común.

## Moral crítica

Cuando se desvanece la confianza en las Instituciones, las decisiones políticas, económicas y sociales acaban siendo valoradas con criterios morales. Comportamientos que eran considerados legítimos antes de la crisis, se convierte en deplorables. Opiniones que se podían comprender antes de la crisis, acaban escandalizando.

Nadie puede sentirse legitimado para impartir criterios morales[44]. Nos limitaremos a describir lo que está sucediendo para ilustrar la dirección del cambio:

- Resulta difícil comprender que el interés privado prevalezca sobre el público.

- Enfurece la posibilidad de que alguien pueda hacerse rico a costa de la crisis.

> Tras la crisis, las soluciones deben ser creíbles y moralmente aceptables

- Se desarrollan nuevas pautas de conducta basadas en la complicidad.

- Se agradece cualquier iniciativa solidaria.

La emergencia de las críticas a tradicionales pautas de conducta es síntoma de la profundidad de la crisis desde el punto de vista de la percepción ciudadana. Cuando la moral tradicional es desplazada por valores vinculados a una nueva realidad, se pone de manifiesto que: *LA CRISIS YA NO ES PERCIBIDA COMO TEMPORAL,* emergiendo nuevas pautas y valores para

---

44    La moral depende de la experiencia colectiva y los valores permiten posicionarse a cada persona respecto a la realidad de su entorno. La moral forma parte de la experiencia y los valores de la percepción.

adaptarse a la nueva situación social, a un cambio de ritmo y dirección de la historia.

## *Sociedad sistémica*

**Cada sociedad se define en relación con los ciudadanos que representa y los activos que gestiona**

Damos por supuesto que cada política se debe a una decisión y que ésta depende de cómo sea interpretada la realidad sobre la que pretendemos incidir. La gestión sistémica parte de una sociedad

En vez de conocer la causa que pretendemos incentivar, razonamos a partir de la finalidad que pretendemos preservar

estructurada en sistemas[45], haciendo depender las decisiones de cómo interpretemos el funcionamiento global de la sociedad y el de cada sistema o subsistema.

Sobre el conocimiento global que tengamos de cada sistema[46], aplicaremos el método deductivo para estar en condiciones de tomar decisiones eficientes.

Para que funcione el modelo, el conjunto de la sociedad debe ser tratado como un sistema abierto. Es obvio que la finalidad de cualquier sociedad se basa en su subsistencia, pero no es obvia la

---

45    Cuanto mayor sea el número de sistemas y sus reconocidas interacciones, mayor será la eficiencia del razonamiento, diagnóstico y toma de decisiones.

46    Bajo un punto de vista conceptual, la sociedad es un sistema integrado por otros sistemas y subsistemas. Cada sistema tiene su propio propósito, razón por la que desde el punto de vista lógico, la sociedad capitalista estaría formada por dos sistemas interdependientes: la política y la economía.

forma de conseguirlo, razón por la que: la finalidad estratégica de la sociedad deberá adaptarse a cada era histórica para poder garantizar la supervivencia en relación con los recursos, técnicas y conocimientos disponibles.

## Gestión

Aunque la gestión de la sociedad requiere una *estrategia común,* la organización de cada sociedad debe adaptarse a su entorno y a las posibilidades de sus activos sociales. La estrategia que proponemos en el poscapitalismo es la de:

*OBTENER EL MÁXIMO RENDIMIENTO A LOS ACTIVOS*
*Y RECURSOS DE CADA SOCIEDAD.*

La nueva estrategia antepone el desarrollo al crecimiento, haciendo depender el crecimiento del desarrollo conjunto de toda la sociedad. Esa estrategia supone lo contrario de quienes creen en que estamos ante el desarrollo de una sociedad posindustrial basada en el desplazamiento de la economía productiva por la economía de servicios y de alto valor añadido.

Con la obcecada pretensión de reducirlo todo a cuestiones de dinero, hemos invertido la lógica dictada por el sentido común.

*EN VEZ DE SER LOS ESTADOS LOS QUE ACREDITAN*
*EL VALOR DEL DINERO, SON LOS ESPECULADORES*
*LOS QUE VALORAN LA SOLVENCIA DE LOS ESTADOS.*

Hemos aceptado subordinar la realidad a criterios ideológicos que han provocado la quiebra económica de los países más desarrollados, con un endeudamiento que jamás podrán devolver y que sirve para que sean más ricos los que ya lo son.

Estamos ante una fase del desarrollo caracterizada por una creciente producción de "bienes de elevado valor añadido", obtenida con los mejores medios técnicos y la disponibilidad de mayores conocimientos. En algunos casos se trata de mejorar las prestaciones de bienes tradicionales y en otros de mejorar la calidad. Hay, además, una innovación destinada a satisfacer necesidades inducidas[47] y que, en algunos casos, han contribuido al desarrollo de países emergentes.

La vida depende de los recursos destinados a satisfacer necesidades y esa lógica nada tiene que ver con las estrategias de algunas empresas destinadas a inducir necesidades. El problema de la mundialización es que se ha confundido los recursos con su valor. Producir bienes de elevado valor añadido[48] no significa una mayor disponibilidad de bienes sino que se eleva el valor de la producción.

> Es imperativo moral acabar con la impunidad del Poder y con la desregulación de los "mercados"

Algunas empresas multinacionales aplican estrategias económicamente insostenibles. Añaden valor a la producción de sus bienes y los producen donde los costes sean más bajos para maximizar los beneficios. Se trata de estrategias en las que la producción es la vía por la que se legitiman "negocios" exclusivamente dependientes del rendimiento del capital invertido. Son empresas que acaban siendo dirigidas por financieros porque es en las cuestiones financieras donde se puede ganar dinero. Esa economía virtual ha dado lugar a que sean las empresas financieras las que ganan más dinero sin aportar beneficio a la sociedad y con total impunidad respecto a sus evidentes errores.

---

47    La mayoría de los bienes dependientes de un elevado valor añadido, no satisfacen necesidades sino que prometen satisfacerlas de una forma distinta, a partir de criterios diseñados por la Mercadotecnia, instituida como una de las principales herramientas del crecimiento empresarial.

48    La mayor parte del consumo de bienes de elevado valor añadido depende de que se sigan legitimando las abusivas desigualdades sociales.

# *Desarrollo*

La cultura política que una sociedad debe adoptar en primer lugar es la de definir la estrategia para su desarrollo, pues condiciona la finalidad atribuida a cada sistema que delimita la estructura de la sociedad. Son decisiones que deberían adecuarse al siguiente interrogante:

*¿QUÉ ESTRATEGIA DEBERÍA ADOPTAR LA SOCIEDAD PARA NO DEPENDER DEL CRECIMIENTO ECONÓMICO Y AFRONTAR EL INEVITABLE AGOTAMIENTO DE RECURSOS?*

La respuesta define la estratégica que la sociedad asume y que, a priori, dependería de cómo la sociedad pretende garantizar su supervivencia. Está claro que la supervivencia de cualquier sociedad no solo afecta a la vida de sus ciudadanos sino a la estabilidad y cohesión necesarias para garantizar la gestión colectiva[49] y mantener los aspectos favorables de la globalización. En tales condiciones:

*CADA SOCIEDAD[50] DEBERÍA OBTENER EL MÁXIMO RENDIMIENTO[51] DE SUS RECURSOS Y CONOCIMIENTOS.*

La viabilidad de tal estrategia se debe a que los países desarrollados están en condiciones de aprovechar un volumen ingente de conocimientos, aplicando alternativas que en otras épocas hubiesen

---

49  Hasta la fecha, se ha considerado la política como la gestión del Poder. Es decir, se la ha considerado equivalente a la capacidad para hacer cumplir las decisiones. En la sociedad poscapitalista debería reducirse la coerción del poder si las decisiones dependieran de la necesaria cohesión y del respaldo popular inducido, pero esa es una hipótesis.

50  El uso del término "sociedad" es lo bastante amplio como para que pueda representar un país o conjunto de ellos. Su amplitud territorial es una cuestión práctica, dependiente de la masa crítica que permita minimizar la dependencia exterior.

51  Ese también sería la definición de una estrategia razonable: mejorar la eficiencia de cada sociedad para que sus necesidades puedan ser atendidas con el mínimo de recursos no reciclables.

sido una quimera. Esos son los criterios que podrían contribuir a una mejor eficiencia en nuestra sociedad:

- La aportación de recursos y bienes producidos por una sociedad no depende del modelo de gestión aplicado (público, privado, cooperativo…), sino de la eficiencia obtenida por su organización. Es decir, la eficiencia no depende de criterios ideológicos sino de la organización de la economía real y de sus activos sociales.

- La eficiencia global de cada sociedad dependerá de su masa crítica dependiente de la disponibilidad de recursos humanos, materiales y energéticos. La mínima masa crítica es la que está en condiciones de atender las necesidades básicas de sus ciudadanos.

- La eficiencia global depende más del desarrollo cultural y del conocimiento disponible que de las inversiones en infraestructuras.

- La producción especializada de bienes de elevado valor añadido permite financiar nuestra dependencia respecto a recursos o bienes que no tengamos.

- Todos los países pueden producir valor añadido, razón por la que llegará un momento en el que disminuirá su demanda en el mercado internacional.

- El futuro comercio internacional dependerá más de la especialización en aportar bienes o recursos y es probable que su gestión siga en manos de empresas multinacionales.

- Para ser dueños de nuestro futuro, tenemos que minimizar la dependencia de nuestra sociedad respecto a bienes y recursos procedentes de otros países.

- El poder que cada sociedad pueda atesorar dependerá de la masa crítica que le permita minimizar su dependencia respecto a terceros países.

- Decidir sobre el grado de interdependencia que una sociedad debe soportar respecto a terceros países es una decisión política que no puede ser confiada al mercado.

Cualquier gestión de la sociedad se basa en la racionalidad y el posibilismo, pero la elección respecto a una u otra forma de gestionar la sociedad es una cuestión política.

## *Organización*

**Gestiona las interacciones entre la estrategia global y la finalidad atribuida a cada sistema que vertebra el funcionamiento de la sociedad**

El desarrollo de cualquier aspecto de la sociedad depende de cómo haya evolucionado la finalidad asignada a cada grupo homogéneo de decisiones. Tales grupos de decisiones homogéneas, constituyen los sistemas teóricos que deben tomarse en consideración para adoptar cualquier decisión que afecte al conjunto de la sociedad. Los sistemas más reconocidos se basan en decisiones dependientes de la política, la producción, la economía o las finanzas.

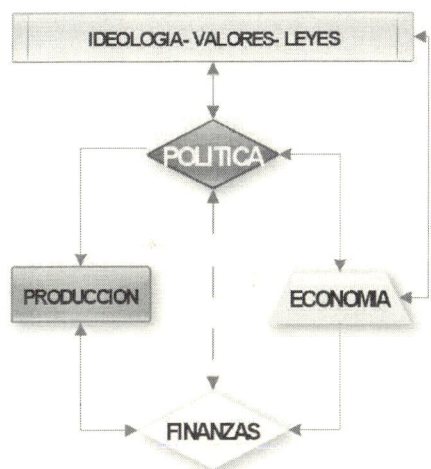

El conjunto de los sistemas forman una estructura responsable de la evolución de la sociedad.

En el esquema, se ilustra una simple estructura sistémica en la que se indican las interacciones más significativas que deben tomarse en consideración para decidir. De las interacciones depende el funcionamiento de la sociedad. Que no sean tomadas en consideración supone acumular decisiones equívocas que, en el mejor de los casos, redundan en una disminución de la eficiencia del conjunto de la sociedad.

Veamos los criterios más significativos respecto a la estructura que estamos comentando:

Todos los sistemas interactúan entre sí, compartiendo información y/o recursos[52].

* Las decisiones del sistema productivo se basan en intercambiar recursos.

* Según sea el saldo del intercambio, el sistema productivo puede ser interdependiente o dependiente de otros sistemas.

* La dependencia es un constante riesgo de inestabilidad[53].

El rendimiento de una sociedad sigue siendo una cuestión física, pero las decisiones sistémicas son políticas[54]. Se decide para regular el funcionamiento de la sociedad, adaptado al modelo que cada sociedad haya querido asumir. Las decisiones sistémicas que afectan al conjunto de la sociedad, nada tienen que

> Tanto los sistemas como los subsistemas son dependientes de la finalidad atribuida a las decisiones que los regulan

---

52   Los recursos suelen ser materiales, energéticos, económicos…

53   La historia nos ha enseñado que, por grande y desarrollado que sea un país, siempre dependerá de otros. La estrategia política pasa por convertir la dependencia en interdependencia recíproca.

54   La simbiosis entre rendimiento y aportación cultural, es lo que denominamos eficiencia.

ver con las decisiones particulares, empresariales, cuyo propósito sea el de maximizar los beneficios particulares.

Las finalidades atribuidas a cada sistema son las que delimitan la eficiencia del conjunto de la sociedad.

Las decisiones que afectan a cada sistema dependen de la información procesada y de los recursos necesarios para traducir las decisiones en realidades tangibles por medio de los instrumentos que cada sociedad dispone.

Para gestionar el conjunto de la sociedad, la política se limita a gestionar la información que regula las decisiones de cada sistema. Esa es la razón por la que nos referiremos a los sistemas como representaciones lógicas que gestionan información.

La información verificada y susceptible de ser aplicada se traduce en conocimientos, cuando se aplican a la organización de la sociedad y en dinero, cuando se aplica al valor de los bienes intercambiados. Con la gestión sistémica se aprovechan los conocimientos aportados por la experiencia histórica, pero deben adaptarse a la finalidad de cada sistema o subsistemas.

Aparte de la adaptación racional ya comentada, tenemos aspectos subjetivos que no pueden ignorarse:

- Cuando un sistema suscita más incertidumbre que esperanza, nos advierte de la necesidad de renovar su finalidad, antes de que se convierta en una pesadilla.

- Para la gestión sistémica, son tan importantes las actividades públicas como las privadas, porque la riqueza de cada país depende de su eficiente interacción.

- La finalidad de la economía no es el crecimiento económico, sino la asignación de los recursos necesarios para maximizar el rendimiento de los activos de cada sociedad.

- En vez de minimizar las actividades públicas deberíamos favorecer la interacción entre activos sociales y privados-

- La riqueza de las naciones no depende del dinero disponible sino de los recursos que la sociedad esté en condiciones de gestionar.

- En los países desarrollados, competitividad y productividad ya no pueden considerarse como reguladores del desarrollo económico ni del crecimiento.

- La gestión de la sociedad no depende del uso del dinero, sino de los conocimientos que seamos capaces de procesar para la gestión de sus sistemas.

# IV. Estructura sistémica de la sociedad

## *Gestión sistémica*

### Razonar con sistemas cuya evolución depende de su interacción con el entorno

Ese es el caso de los seres vivos y de la propia sociedad. El modelo de razonamiento fue desarrollado en 1950 por Ludwig von Bertalanffy a través de su *Teoría general de sistemas.*

La gestión de una sociedad a partir de los recursos procedentes del mercado, responde a un modelo de sociedad donde la preocupación fundamental residía en la necesidad de poner fin a la endémica escasez durante la mayor parte de nuestra historia. Con tal propósito se organizó una sociedad que pretendía atender las necesidades particulares de los ciudadanos. El sistema lógico era simple y razonable hasta que su funcionamiento ya no respondía a las expectativas que había suscitado. La sociedad había evolucionado, se habían multiplicado los conocimientos, las técnicas desarrolladas y la capacidad para afrontar retos que, en el pasado, fueron considerados como una quimera.

Cuando la sociedad se hace más compleja, la interpretación utilizada para gestionar la realidad política y económica, deja de producir los efectos producidos en el pasado. Los primeros síntomas se pusieron de manifiesto en 1972, al constatar que la incentivación de la demanda tan solo producía inflación, sin poder afianzar el crecimiento económico. Por muchas reformas que se hicieran, seguíamos dependiendo de una sola variable: EL CRECIMIENTO ECONÓMICO APORTADO A TRAVÉS DEL MERCADO.

En la medida en que se multiplican las evidencias de que se ha agotado el crecimiento económico aportado por el modelo de sociedad capitalista basado en la gestión del mercado, se impone adaptar nuestra sociedad a un nuevo modelo, capaz de aprovechar los recursos y conocimientos que tenemos. El que proponemos como alternativo, se basa en la gestión de las decisiones públicas a través de los sistemas que forman la estructura de la sociedad.

En tales condiciones, el reto del razonamiento sistémico u holístico, reside en poder gestionar bastantes más variables de forma sencilla y eficiente para que las decisiones públicas se adecuen a las necesidades que la sociedad debe atender. Todo lo contrario de lo que sucede en la actualidad: haciendo depender las decisiones públicas de los recursos aportados por un crecimiento económico, que el mercado ya no puede garantizar.

El razonamiento sistémico que estamos describiendo, consiste en parcelar la percepción de las necesidades a través de grupos de decisiones basadas en un propósito común, aunque sea distinta su funcionalidad. La bondad del razonamiento sistémico se basa en que sean racionales las relaciones entre sistemas y que la coherencia de cada decisión particular, se supedite a la finalidad del sistema que la integra.

## Interés global

El interés global de una sociedad tiene que ver con su supervivencia, su estabilidad, sus instituciones y con aquello que forme su acervo cultural. Todos los pueblos cierran filas para defender el interés común de la sociedad. No hacerlo, denota el síntoma de una sociedad sin cohesión, con más dudas que convicciones.

Hasta la fecha, la razón de ser de la política ha sido la defensa del interés general, interpretado por el liberalismo como equivalente a la suma de intereses particulares[55]. La tesis liberal ha conducido a un fundamentalismo basado en la pretensión de ensanchar los intereses privados a costa del interés general, en nombre de una supuesta eficiencia económica.

Cuando se comprende que la evolución de una sociedad depende de sus interacciones, es de advertir que su interactividad también afecta a las relaciones entre interés general e intereses privados de la sociedad. No se trata de relaciones de Poder sino de complicidad, aunque sea asumible que, en caso de conflicto, prevalece el interés general. A la recíproca interdependencia entre el interés público y los intereses privados la denominamos Interés Global.

> Como consecuencia de la crisis de la iniciativa privada y de la desregulación, es aconsejable cerrar filas al entorno del interés global, porque la sociedad depende de ambos intereses, de la recíproca eficiencia y de las sinergias que puedan producir.

La actividad pública añade valor a la actividad privada, aunque haya quienes crean lo contrario por razones ideológicas[56]. La experiencia de los últimos años nos enseña que en los países donde no funciona el Estado, no hay capitales dispuestos a invertir para producir bienes con destino a otros países, por bajos que sean los salarios y cualificada su mano de obra.

Tal observación debería bastar para poner de manifiesto la interdependencia entre el interés general y los intereses privados.

---

55    El capitalismo no pretendió un Estado eficiente, sino contar con una institución que facilitara el negocio de las empresas privadas y garantizara la seguridad y estabilidad de la iniciativa privada.

56    La ideología capitalista ha difundido la convicción de que el Estado dependía del dinero ganado por el esfuerzo de los particulares, razón por la que éste debería subordinarse al interés particular.

La eficiencia de cualquier empresa privada depende tanto de la eficiencia de las instituciones públicas y de los servicios aportados por la sociedad civil como de su productividad con respecto a sus competidores.

El interés global debe atender tanto la cohesión de la sociedad, como el desarrollo sostenible, la producción de bienes y su distribución. Lo mismo cabe decir respecto a: la necesidad de afrontar los retos sistémicos de la humanidad, la aplicación de planes estratégicos [57] o el cumplimiento irrenunciable de compromisos internacionales.

Las convicciones ideológicas procedentes del capitalismo, nos han hecho tan dependientes del mercado, que hemos olvidado que son las necesidades de la sociedad las que hemos de cuidar, aunque sean distintas a las de los mercados. También hemos olvidado que los servicios públicos[58] no pueden financiarse con los beneficios aportados por su gestión[59].

Las instituciones de la sociedad y su patrimonio colectivo, son consecuencia del esfuerzo de nuestros antepasados, su herencia. Aunque su titularidad sea del Estado, representan el patrimonio común de los ciudadanos. Ningún gobierno puede sentirse legitimado para liquidar el patrimonio popular, por legítimo que sea el mandato político recibido.

---

57    Los proyectos políticos son compromisos electorales que implican fijar prioridades respecto al interés global que tengamos que gestionar.

58    No hay diferencia política entre un servicio público, la titularidad de una empresa pública o la titularidad de un museo nacional. Unos y otros son patrimonio de la sociedad, aunque estén bajo la responsabilidad del Estado.

59    Cuando se confían al mercado los servicios de interés general, el servicio se convierte en una mercancía al exclusivo alcance de las clases sociales con mayores recursos económicos.

## *Eficiencia sistémica*

La eficiencia ha sido el resultado de sucesivas innovaciones destinadas a proporcionar un mayor rendimiento a las actividades de la sociedad. Su difusión ha favorecido su adaptación a entornos y actividades muy diferenciadas. Cuanto mayor sea la difusión de cualquier innovación, mayores son las oportunidades de que puedan obtenerse sinergias que hagan posible el desarrollo de nuevos avances y de inusitadas eficiencias globales.

La percepción global de tales procesos legitima la necesidad de promover la cultura de la eficiencia, anteponiéndola a la del negocio "forzado o afortunado". Se trata de convencer a nuestros conciudadanos de que el éxito económico depende más de la organización y del trabajo bien hecho, que de aprovechar las oportunidades del mercado en uno u otro país.

Cuando el objetivo económico se reduce al crecimiento económico, las decisiones dependen del rendimiento del capital. En el desarrollo sistémico, por el contrario, las decisiones dependen de la eficiencia resultante para cada una de las decisiones sistémicas.

Para aproximarnos al criterio de eficiencia global, examinaremos la experiencia disponible:

- La ideología permite la interacción entre partidos políticos y ciudadanos.
- La gestión sistémica es el instrumento de decisión, para gestionar la sociedad.
- La organización de la sociedad depende de decisiones políticas.
- La ocupación laboral depende de la capacidad productiva.
- Del trabajo depende la disponibilidad de nuevos bienes y recursos[60].

---

60    Es tan válido el trabajo humano como el de una máquina impulsada por energía.

- La eficiencia se debe a la acumulación de conocimientos.
- La eficiencia del propio país, es tan legítima como la de cualquier empresa.
- Las posibilidades de una sociedad eficiente dependen del aprovechamiento de los activos sociales, con criterios de rendimiento global.
- La eficiencia depende de las decisiones sistémicas, de las aportaciones culturales y del rendimiento productivo, pero el beneficio depende del precio del mercado.
- Siendo responsabilidad pública la gestión sistémica, la gestión empresarial es privada.
- Las desigualdades territoriales no se afrontan sobredimensionando infraestructuras y otorgando subvenciones, sino desarrollando los activos locales.

La pretensión de que la empresa pueda ser la única institución capaz de crear riqueza, fue útil para capitalizar los beneficios privados y afianzar su valoración social, pero deja de ser realista cuando los beneficios empresariales se desentienden del interés global de la sociedad a la que deben su desarrollo y razón de ser.

El Estado aporta a las empresas[61], disponibilidad de eficientes activos que permiten maximizar la productividad empresarial, minimizar costes logísticos y desarrollar complicidades con otras empresas locales e instituciones. No se trata de ayudar económicamente a las empresas sino de advertir que la eficiencia del conjunto de la sociedad, beneficia tanto a cada una de las empresas en particular como al conjunto de la sociedad.

---

61   Poco importa la nacionalidad del capital si la empresa adecua su comportamiento a la legalidad del país.

- La eficiencia de cualquier actividad empresarial depende tanto de su entorno sistémico, como de su organización y automatización interna.

- La dependencia de una empresa respecto a su entorno sistémico es mayor cuanto mayor sea el desarrollo de la sociedad, pues la autarquía de un país es tan insostenible como la supervivencia de las empresas que renuncian a sus raíces.

## *Renovación ideológica*

Las teorías o discursos políticos que han pretendido atribuir racionalidad a la política o la economía, representan la valoración e interpretación de la experiencia social, utilizando como referente a la experiencia colectiva de los países más prósperos.

> Cada ideología es una interpretación de la experiencia colectiva de la sociedad

Desde tal punto de vista, las teorías políticas o económicas han sido instrumentos de la sociedad para reproducir aquellas experiencias que funcionaron en otros países o deducir su evolución a partir de la proyección de su lógica interna.

Con tales criterios, el modelo aplicado por los países anglosajones ha sido el referente para adoptar las decisiones consideradas como más eficientes a través de un bagaje ideológico difundido en todo el mundo, en calidad de conocimiento universal, de naturaleza científica.

Con la verificación negativa de las teorías aplicadas, se impone su revisión, cambiando todo lo que sea necesario[62], utilizando una

---

62    En cualquier revisión de la interpretación procedente de la experiencia colectiva, siempre puede haber valores y criterios que puedan resistir el paso del tiempo.

experiencia colectiva más amplia en el tiempo y en su percepción. En tales criterios se basa la racionalidad poscapitalista. No PUEDE HABER TEORÍAS UNIVERSALES: tenemos que asumir que las teorías o las ideologías pueden depender de cada cultura, de cada sociedad y de su disponibilidad de recursos vitales o industriales.

La parte más importante de la conducta humana depende de valores, aunque se racionalice su interpretación. Por esa razón, hemos insistido en distinguir entre valores que, por definición, son de naturaleza subjetiva de modelos y organizaciones racionales.

En interpretaciones políticas, la verificación es posterior al enunciado del argumento. Como quiera que la sociedad evoluciona, difundiremos experiencias de verificación positiva hasta que sean refutadas por la realidad. No solo hay incertidumbre en las decisiones empresariales, también la hay en la renovación de decisiones políticas. Con la verificación positiva de las políticas renovadas, podemos difundirlas con suficiente confianza hasta que una nueva verificación negativa pueda inducir la necesidad de una reformulación. Deben desestimarse todas las teorías que ofrezcan resultados negativos, aunque hayan funcionado durante siglos.

Con la aportación sistémica no se valoran las tesis, sino su aplicación en un determinado entorno o lugar. En términos efectivos, NO SE VERIFICAN LAS DECISIONES, SINO LOS RESULTADOS. Desde tal punto de vista, es un empecinado error la pretensión de seguir aplicando tesis cuyos resultados no se adecuan a lo esperado, aunque se verifiquen en otros entornos.

No hay decisión política o económica que sea evidente, porque la política y la economía son experiencias que podemos mejorar, adaptar y renovar. La ciencia es predecible, aunque la incertidumbre tenga que expresarse en probabilidades.

## *Legitimidad*

La legitimidad de una ideología no depende de la Ley, sino de la soberanía popular. La pretensión retórica de equiparar el Estado de Derecho a Sistema Democrático, acaba siendo la vía para cuestionar la soberanía popular.

La legalidad es un sistema que permite minimizar conflictos al confiar al poder judicial, la capacidad para enjuiciar conflictos civiles y para dirimir las consecuencias de haber cometido delitos probados. Es más fácil dirimir conflictos legales que valorar la legitimidad de diversas posiciones, porque la experiencia nos enseña que:

*LOS CONFLICTOS SOBRE LEGITIMIDAD
ACABAN SIENDO CUESTIÓN DE PODER.*

Esa es la enseñanza de la historia, advirtiendo que la confrontación es ganada por el más fuerte, aunque la victoria no suponga garantizar las posiciones de quien haya ganado. Esa es la razón por la que los historiadores advierten que *ES MÁS IMPORTANTE GANAR LA PAZ, QUE VENCER EN LA GUERRA.*

En ese espacio difuso entre legalidad y legitimidad, cabe advertir que la sociedad poscapitalista no es una alternativa al capitalismo ni la negación de éste, sino la continuidad de la sociedad democrática que asume el agotamiento del capitalismo.

El Poscapitalismo es el heredero racional de la crisis capitalista

## *Disyuntiva política*

La disyuntiva ideológica durante el capitalismo se polarizaba en relación con anteponer la gestión privada a la gestión pública.

La crítica ideológica al capitalismo, pone de manifiesto que el mercado ya no está en condiciones de gestionar la economía de los países porque la competitividad en el mercado mundializado ya no puede garantizar el crecimiento económico necesario para mantener la estabilidad de las economías. En tales condiciones, el mercado tiende a ensanchar las desigualdades y bloquea cualquier posible recuperación del desarrollo de los países.

Sin crecimiento económico, nos queda la posibilidad de organizar el desarrollo de los países. Con los conocimientos técnicos al alcance de cualquier país desarrollado, no se precisa acudir a economías de escala para garantizar una razonable productividad en los bienes que una sociedad pueda necesitar.

Las estratégicas para optimizar el rendimiento de cada sociedad, no dependen de la gestión de un "mercado cautivo", sino de la capacidad para establecer alianzas y complicidades que permitan aprovechar la masa crítica de cada sociedad.

> La sociedad capitalista depende
> de la valoración de políticas y recursos.
>
> La sociedad poscapitalista se basa
> en la aplicación eficiente de decisiones políticas

## *Posiciones obsoletas*

Nuestra sociedad cuenta con criterios ideológicos incorporados en el lenguaje político que fueron razonables en una época o en determinadas condiciones, pero que acaban siendo falsos como

Aunque la experiencia no aporta soluciones, permite deducir los conocimientos necesarios para diseñar un modelo lógico consecuencia de la evolución de la sociedad, aunque no hayan sido formalmente rechazados por el Poder. Veamos lo que sucede con algunas de las políticas considerados como patrimonio del buen hacer:

- La incentivación de la demanda favorece el crecimiento económico. Así ha sido en situaciones de recesión o cuando el ritmo de innovación técnica era elevado. En los demás casos, produce inflación.

- El crecimiento económico es lo único que puede crear empleo. Ese criterio se verificó parcialmente hasta la década de los '70. En la actualidad tiende a la precariedad laboral.

- Las reformas laborales crean empleo. Es falso porque cualquier empleo estable, depende de una mayor eficiencia productiva y esa es la que se encuentra a faltar.

- Las necesidades económicas prevalecen sobre las políticas. Tan solo en el supuesto que las políticas requieran financiación.

- La riqueza de las naciones depende de los beneficios empresariales. Mientras no se externalicen recursos, actividades o beneficios.

- El mercado es el mejor instrumento para la asignación de recursos. Es un buen gestor de la diversidad, pero acentúa las diferencias sociales.

- La gestión privada es más eficiente que el gasto público[63]. La eficiencia no se mide por el dinero que se gana sino por el servicio que presta.

---

63   Para que se verifique ese criterio, se impone la necesidad de afrontar el gasto público y su gestión como una inversión eficiente. Las razones políticas no eximen de responsabilidad eficiente a los servicios e inversiones públicas porque de su eficiencia depende la del conjunto de la sociedad. Tenemos que poner fin a la concepción funcionarial entendida como prolongación del Poder discrecional.

- La mundialización de la economía es un proceso irreversible. Aunque la historia sea irreversible, los errores históricos se pagan de una u otra forma.

- Se puede combatir cualquier crisis, si se identifica la "causa" que la produce. Puede ser cierto en sistemas cerrados, es falso cuando la decisión provoca una evolución estructural. En tales casos, debe enmendarse el error para evitar la perpetua repetición de la crisis. en procesos que evolucionan.

> La única verdad es aquella que pueda representar las aspiraciones de las personas

El breve enunciado sobre algunas de las convicciones habituales, pretende poner de manifiesto que el éxito de cualquier política futura dependerá, para empezar, de nuestra capacidad para reconocer posiciones equívocas.

## Sistema político

Desde la política se regula el funcionamiento de la sociedad, gracias a los conocimientos disponibles de cada época, ejerciendo un poder institucional, en ocasiones, más discrecional que racional.

> Es función de la política la de garantizar la cohesión de la sociedad, garantizando a cada ciudadano la percepción de servicios públicos equivalentes

Los cambios auspiciados desde el Poder suelen legitimarse con criterios ideológicos que fueron considerados obsoletos a finales del siglo pasado. Ante la ausencia de ideologías se acude a criterios "políticamente correctos", adaptados por valores culturales o criterios morales.

Al hacer depender el desarrollo de cada sociedad del crecimiento económico, la política acaba dependiendo de la economía, produciéndose la contestación de quienes sufren las consecuencias de la crisis.

La sumisión ideológica respecto a doctrinas económicas, acaba conculcando derechos consagrados por la Ley, dando por hecho que la economía está por encima de la Ley. Es tan estrafalario lo que sucede, tan inverosímil, que se hace necesario recordar que, si se soporta se debe a:

- La convicción de que asistimos a una crisis cíclica u ocasional.

- El desconocimiento de que puedan haber otras alternativas.

Cualquiera que sea la función de la política, la demanda social más generalizada es la de que se utilice el Poder para garantizar la cohesión social. La desatención de esta demanda por el Poder de uno u otro signo, difunde la convicción de que asistimos a un fenómeno que sobrepasa las posibilidades de la política, de forma semejante a como sucedería si tuviéramos que afrontar un desastre natural.

Cualesquiera que sean las razones para desatender la voluntad popular, acaban siendo pretextos para anteponer las convicciones del Poder a las necesidades sociales. Lo grotesco es que se haga en nombre de la democracia y del Pueblo y se califica de estadistas a quienes anteponen sus opiniones a las de los ciudadanos.

> Tenemos que afrontar la organización eficiente de nuestra sociedad con medidas aplicadas al ritmo que podamos digerir

Si la prioridad fuera la cohesión social, la gestión política consistiría en difundir las condiciones para crear empleo con criterios racionales, pasando de las barreras ideológicas, aunque

supusiera producir bienes menos competitivos[64] respecto a ofertas
procedentes de otros países. *NO ES CUESTIÓN DE PROTEGER LA
ACTIVIDAD PRODUCTIVA, SINO DE GARANTIZAR LA COHESIÓN SOCIAL.*

Hay ocasiones en las que se olvida que las ideas económicas solo
son instrumentos de la sociedad y que nunca pueden anteponerse
a sus necesidades. Lo primero es reconocer lo que necesitamos y
lo segundo, decidir cómo conseguirlo. Someternos al valor de una
moneda o de una doctrina, supone renunciar a las oportunidades,
activos, recursos y conocimientos de la propia sociedad.

## *Gestión política*

La gestión eficiente de cualquier
sociedad requiere la existencia de la
cohesión social necesaria para que
las decisiones políticas puedan ser
igualmente efectivas y eficientes para
todos los ciudadanos. La democracia

> Es la complejidad de
> la sociedad, la que
> requiere superar los
> límites de la sociedad
> capitalista

ha ensanchado la cohesión de la sociedad, aprovechando la
unidad civil entorno a los derechos y deberes de los ciudadanos.
El modelo, que exigía mayor permisividad para creencias y
convicciones, ha considerado la diversidad como un activo de la
sociedad, con la condición de que sean recíprocas las posiciones
de respeto y tolerancia entre conciudadanos.

En el siglo XX han proliferado y prevalecido, proyectos de unificación
de mercados al margen de criterios políticos, pero la crisis pone de
manifiesto las dificultades para gestionar economías muy diferenciadas

---

64    Obsérvese que la competitividad depende de las condiciones de producción y la cohesión social es uno de los aspectos que mejor contribuye a la eficiencia productiva.

en su desarrollo económico y cultural. La experiencia llevada a cabo en la Unión Europea ha permitido poner de manifiesto que se podía cohesionar la sociedad entorno a eficientes servicios públicos que garantizaran la igualdad de oportunidades y la vinculación social de los ciudadanos a través de la ocupación, mientras el crecimiento económico permitía la transferencia de capitales a bajo coste.

La experiencia política nos ha enseñado que se pueden gestionar diferencias culturales y religiosas compartimentando su gestión, pero no hay sociedad que pueda funcionar si sus ciudadanos no están en condiciones de asumir que:

- Es más importante lo que les une que lo que les separa.

- Las diferencias no pueden ignorarse, pues forman parte del entorno social.

- La cohesión debe promoverse, las diferencias deben respetarse.

Cuando surgen nuevas realidades en la sociedad, cuando la diversidad se ensancha, asistimos a procesos que cuentan con su propia dinámica social, ajena a las instituciones, al entorno de nuevas sensibilidades. Aunque se inicien sin proyecto alternativo, son el germen de un nuevo sistema político. No tomarlo en consideración, anteponiendo la legitimidad a la realidad, puede suponer la negación del derecho de la sociedad civil a evolucionar, al igual que lo hicieron los liberales contra las monarquías del Antiguo Régimen, sustentadas en la legitimidad divina.

Para valorar la voluntad de cambio en la sociedad, bastará con que, cada lector, por su cuenta y en relación a lo que observa, valore la bondad de los criterios que siguen:

- El futuro desarrollo político no dependerá del poder o de la coacción económica, sino de la complicidad entre instituciones y países.

- La dinámica social ya no depende de la competitividad, sino de la capacidad para aprovechar los activos de la sociedad.

- La eficiencia confiada a las empresas, involucra al conjunto de la sociedad, a todos sus ciudadanos.

- No se trata de gestionar el Poder institucional, sino de gestionar la dinámica interna de nuestra sociedad.

- La economía es un instrumento de la política, consentir lo contrario supone hacer dejación de los derechos democráticos que tanto nos ha costado mantener y desarrollar.

- La acumulación de dinero supone poder, la de conocimientos: oportunidades.

- Desde el punto de vista sistémico, la supervivencia ya no depende del dinero, sino de lo que se sea capaz de producir en la propia sociedad.

## *Modelos de cohesión*

La cohesión[65] se desarrolla a partir de lazos que unen a cada persona con su entorno social en aspectos emocionales, cultuales, morales, políticos y de interdependencia respecto a la supervivencia de las personas.

> La cohesión de la sociedad convierte una masa multiforme de personas, en un grupo social organizado y previsible

Gracias a la cohesión de la sociedad cada persona puede compartir su experiencia emocional con otras personas, deduciendo afinidades y complicidades comunes.

---

65   Lo contrario de la cohesión es el caos o la indeterminación.

Criterios de uso tan común como el lenguaje político, la organización social, el desarrollo, el interés general, la democracia, el Poder... son interdependientes con la cohesión de la sociedad.

La percepción que tengamos sobre el grado de cohesión social acaba siendo un indicador fiable respecto a la eficiencia de la gobernanza. Sin cohesión social, siquiera nos plantearíamos la eficiencia de la sociedad en términos globales. Veamos su estratificación a partir de lo que nos enseña la experiencia histórica:

- La identidad cultural aporta la percepción de la experiencia y de la adaptación, aunque la identidad de cada persona sea singular e intransferible.

- La unidad civil hace iguales a las personas, permitiendo disfrutar de los mismos derechos y obligaciones.

- La igualdad de oportunidades ha conducido al desarrollo de servicios públicos relacionados con la sanidad, la educación, los servicios sociales y las prestaciones económicas para jubilados o la solidaridad para personas discapacitadas por una u otra razón.

- La vinculación social nos hace percibir nuestra recíproca interdependencia con la estructura funcional de la sociedad a la que pertenecemos, a través del trabajo.

La pertenencia a una sociedad y la percepción del lugar que en ella se ocupa, ha estado relacionada con la jerarquía del Poder tradicional, distribuyendo las desigualdades que la política ha tratado de compensar con decisiones económicas redistributivas, desarrollo institucional y cohesión de la sociedad. Dos son los aspectos que configuran la respuesta social:

- Cuanto mayores sean las responsabilidades públicas, mayores son las obligaciones hacia el conjunto de la sociedad.

- De cómo sea percibido el desarrollo común, dependerá la complicidad o la confrontación entre ciudadanos.

Los aspectos indicados son los que configuran la trama sobre la que se entrelaza el tejido social y de la que depende cada MODELO DE COHESIÓN.

Cuando la cohesión social es sólida se dan las condiciones para que las experiencias culturales y vitales, favorezcan una interacción eficiente entre personas e instituciones que regulan su actividad común. Nadie debe sentirse obligado a integrarse en una sociedad. Lo importante es que cada persona pueda sentirse parte de la sociedad y comprometido con ella, al margen del modelo y grado de cohesión adquirido a través de su experiencia vital.

Resulta difícil postular una unidad política o civil cuando, en una misma sociedad, conviven distintos modelos de cohesión. Es decir, la percepción de modelos diferenciados de cohesión acaba configurando distintos modelos de sociedad. Digámoslo con argumentos más prácticos: por mucha historia, teorías o voluntad política que haya, cuando se desvanece la cohesión social, se deslegitima el poder político de la sociedad y su autoridad.

Para que la cohesión social sea compatible con la libertad individual, cada persona debe sentirse libre, dueña de su futuro y parte del colectivo humano caracterizado por las afinidades de su preferencia. Es cada persona en particular la que decide su identidad y la forma que ésta pueda ser compartida con otras personas.

## *Posiciones políticas*

Se inicia la madurez política del ciudadano cuando está en condiciones de distinguir entre la posición política de un partido o de un político y el compromiso adquirido con la sociedad. No puede fomentarse la cultura democrática cuando los partidos se posicionan a través de opiniones. Los ciudadanos tienen derecho a saber hasta dónde llegan los compromisos políticos y lo que suponen.

Las posiciones pueden ser genéricas, pero los compromisos de gobierno tienen que desarrollarse y razonarse con los ciudadanos, a partir de un diagnóstico sobre lo que sucede, razonando las posibles alternativas para que puedan legitimarse los compromisos adquiridos con la sociedad. De la experiencia adquirida en la última mitad del siglo XX cabe inferir criterios para deducir algunos relevantes conocimientos políticos.

> Cada partido se debe a su razón de ser, pero sus posiciones evolucionan a través de los compromisos adquiridos con la sociedad

- Los partidos deben distinguir entre el ideario político que postulan y la política posibilista que permita cerrar el compromiso político con la sociedad.

- Las políticas deben formularse en términos globales, para que sea comprensible cualquier política derivada del contexto global y reconocible para el conjunto de la sociedad.

- La evolución de la sociedad debe conocerse a través de sus diversos procesos y valorada desde un punto de vista tan global como sea posible.

- La legitimidad democrática no se atribuye a un partido, sino a la política que la sociedad haya legitimado con su voto.

- Las posiciones mantenidas en una campaña electoral no son publicidad, sino compromisos públicos de naturaleza contractual para el ejercicio del gobierno.

- Las políticas que hayan recibido un respaldo minoritario no pueden incorporarse en la gestión de un gobierno de coalición, salvo el supuesto que sean compartidas por todos. Los programas de los gobiernos de coalición deben responder al denominador común de los partidos que forman gobierno.

- Cuando un gobierno tenga que afrontar situaciones críticas que requiera medidas que no fueron comprometidas con la sociedad, deberá conseguirse la complicidad de la oposición o abdicar de responsabilidades partidistas o de gobierno[66].

- En momentos de transición política, cualquier política transgresora debe ir acompañada de una evaluación pública de ventajas e inconvenientes.

- Las políticas dependen de las prioridades y recursos de la sociedad, por lo que es utópica la pretensión de que una política pueda instituirse como universal, común para todos.

Los partidos políticos seleccionan sus políticas gracias a postulados ideológicos[67] que representan el interés de parte de la sociedad o lo hacen al entorno de una escala de valores.

En el nuevo entorno poscapitalista, tienen que diseñarse nuevas políticas, adaptándolas a una realidad cuya evolución depende de la voluntad política. Para tal propósito:

Los partidos deberían dedicar mayor atención a la reflexión política [68] para valorar la evolución probable o

---

66   De las responsabilidades políticas debe responderse ante el Partido, de las responsabilidades institucionales debe responderse ante la sociedad o ante la Ley.
67   En tales condiciones, las políticas eran predecibles, propias de manual.
68   Cuando se trata de gestionar un modelo de sociedad que reproduzca las aportaciones de la experiencia histórica, puede confiarse la reflexión a instituciones académicas. Cuando se trata de cambiar el rumbo social se debe acudir al diseño de modelos en los que sea más importante la experiencia que la interpretación académica.

posible de la sociedad, debatiendo [69] con los militantes su percepción sobre el nuevo entorno político y las prioridades adaptadas al momento.

La militancia política debe asumir la necesaria recuperación de la autoridad perdida y para ello, debe propiciar un entorno de exigente transparencia, a todos los niveles. La privacidad de los representantes políticos debería limitarse a aspectos personales o familiares.

## *Representación política*

Los programas de gobierno dependían de posiciones ideológicas, adaptadas a las posibilidades legales y a los retos del momento. Para la nueva gobernanza, debería revisarse el concepto tradicional de "programa de gobierno" porque:

- La creciente complejidad de la sociedad exige razonar desde varios puntos de vista.

- Han desaparecido las ideologías tradicionales.

> El partido político se instituyó para representar en las instituciones a parte de la sociedad

- No bastan los valores para gestionar la política, la producción y la economía.

- Se ha desfigurado la tradicional representación social. No se representa a "clases sociales" sino a distintas formas de dirigir la evolución de la sociedad.

- La opinión pública espera de los partidos que asuman su responsabilidad de dirigir la sociedad, pero ésta ha sido confiada a tecnócratas que funcionan como autómatas.

- Los partidos políticos no son patrimonio de sus afiliados sino de la sociedad.

---

69    La forma de llevar a cabo el debate dependerá de la tradición democrática de cada partido.

- La razón de ser de los partidos es la de representar la parte de la sociedad que les ha otorgado su confianza a lo largo de su historia.

- La razón de ser[70] de los partidos no cambia, las políticas son adaptadas por sus afiliados.

- Es más importante decidir sobre lo que se va a hacer y sobre la forma de hacerlo, que sobre los aspectos ideales de la vida o de la sociedad.

Bajo un punto de vista democrático, necesitamos contar con instituciones representativas que puedan traducir la opinión de los ciudadanos en políticas eficaces y de incidir en la realidad que sea necesario renovar, cambiar o proteger.

Para que los partidos puedan ser instituciones civiles que evolucionan al ritmo que lo hacen sus afiliados, *ÉSTOS DEBERÍAN SER REPRESENTATIVOS DE LA PARTE DE SOCIEDAD QUE REPRESENTA EL PARTIDO.* La representatividad debe ser extensible a todos los ciudadanos y adaptada a la evolución de la sensibilidad pública, sin olvidar que se gobierna para toda la sociedad.

La razón por la que se proponen tales cambios se debe a que, en un entorno incierto, muchas de las posiciones políticas pueden ser más complementarias que antagónicas. Los valores seguirán siendo antitéticos, pero las políticas serán más permeables y adaptadas a las nuevas necesidades organizativas.

La representación mayoritaria no legitima aplicar políticas que menosprecien los derechos de las minorías. No es creíble el comportamiento democrático de quienes no sean capaces de respetar las diferencias o de quienes pretendan imponer su cultura o posiciones políticas en nombre de su mayoría.

---

70   Es obscena la idea de que un partido pueda transformarse hasta negar su identidad y razón de ser.

## *Organización partidista*

Los partidos cuya política se reducía a la gestión del Poder, adoptaban una organización territorial paralela a la de las instituciones que, eventualmente, tuvieran que gestionar. Cuando la política se limitaba a representar formas de gestionar el modelo de sociedad, la representación política se reducía a valores: buenos o malos, derecha o izquierda, burgueses o trabajadores... Una mayor diversidad de alternativas u opciones, debería corresponder con un mayor y diversificado razonamiento.

Mientras no llegue el momento de pronunciarse sobre prioridades objetivas, es razonable suponer que las posiciones se reduzcan entre quienes quieran insistir en las posibilidades de gestionar la sociedad a través del mercado y entre quienes quieran asumir el riesgo de aplicar un cambio en el modelo de sociedad. Mientras tanto, contemplemos la naturaleza de los cambios que afectan a las tradicionales posiciones políticas:

- Se desvanecen los tradicionales discursos ideológicos y sustituidos por el recurso a valores o respuestas tópicas, todo ello interpretado como agotamiento de los partidos.

- Se relativizan los compromisos[71] con los ciudadanos y en el mejor de los casos, los discursos parecen cargados de eslóganes publicitarios y de buenos deseos.

- Los partidos se vuelven endogámicos y cínicos, en manos de personas que pueden decidir la adjudicación de cargos de confianza.

---

71   Al compromiso político tradicional se le conocía como programa de gobierno. El programa acababa siendo un relato de prioridades que dependían del crecimiento económico. El problema actual es que no basta con decir lo que quisiéramos hacer, sino que debe explicitarse la forma de hacerlo y el origen de los recursos.

- Los partidos dejan de representar una forma de pensar y de sentir, para actuar como agencias de colocación de cargos políticos, a cambio de fidelidades personales.

*NO PUEDE ESPERARSE QUE LA OPINIÓN PÚBLICA RECUPERE LA CONFIANZA INSTITUCIONAL, SALVO QUE LA POLÍTICA ASUMA LO QUE SUCEDE Y LA FORMA DE ENMENDARLO.*

A partir de esa premisa, podemos organizar la selección de los puestos más representativos para dirigir las instituciones. No se trata de decidir quién manda, sino de gestionar la reforma de la sociedad y de sus instituciones.

Necesitamos políticos que transmitan su convicción sobre lo que debe hacerse

Es en la interacción entre partido político y representación institucional donde se podrán establecer las complicidades y simbiosis que deben potenciar la gobernanza dependiente de la representatividad política.

## Transparencia pública

Aunque seguirá existiendo la competitividad en la comercialización de bienes, el poscapitalismo propicia la complicidad entre instituciones públicas y privadas. Para que sea efectiva la complicidad en beneficio del interés general, deben excluirse las informaciones que puedan proporcionar situaciones de privilegio para algunas empresas particulares.

- Cualquier institución pública podrá ejercer el derecho a conocer el origen y cuantía del patrimonio de cada vecino.

- Serán públicos los balances y actividades económicas de cada empresa, institución o entidad sin ánimo de lucro.

- Las investigaciones parlamentarias sobre cuestiones no judiciales, deberían ser obligadas a partir de un requerimiento superior a 1/3 de los diputados, estableciendo la obligación legal a la comparecencia, la veracidad de las declaraciones y considerado delito cualquier probada falsedad en la declaración u ocultación de información.

## Cambios políticos

El reto de la gestión sistémica no es el de razonar sobre el valor de ideas o cosas, sino el de organizar la sociedad para que los ciudadanos puedan ser dueños de su futuro a través de: la fijación pública de prioridades, su participación en la eficiencia global y en la aportación de su actividad particular.

- Propugnamos una sociedad que dependa de la colaboración y de la complicidad, en vez de depender del negocio, amiguismo y exclusión.

- Renunciamos a una ideología universal para adaptar cada organización a las necesidades de cada sociedad, aprovechando sus activos, la racionalidad y los recursos de su entorno.

- Queremos una sociedad en la que no puedan comprarse derechos ni justicia.

- Cada sociedad debe garantizar con sus propios recursos, bienes tan básicos como el agua, los alimentos, la sanidad, la educación, los servicios sociales y las pensiones.

> *El discurso político que no descienda al desarrollo de políticas concretas, acaba siendo percibido como una utópica abstracción*

- Sigue siendo necesario combatir la exclusión, la desigualdad social y desmerece la exhibición suntuosa de riqueza.

- La cohesión social sigue siendo el mejor indicador de la "calidad de vida" y la razón de ser de la actividad política.

- Se confía en la iniciativa privada para producir recursos y bienes que puedan satisfacer necesidades particulares.

- La riqueza de los países ya no se mide en dinero sino en conocimientos.

- El desarrollo ya no depende de los beneficios empresariales, sino del aprovechamiento de los activos de su sociedad.

- Una sociedad basada en la gestión poscapitalista debería lograr una redistribución de recursos, en la que el sector público pueda gestionar más del 50% del PIB. Para que funcione el modelo, será necesaria una eficiencia pública tan exigente como la privada.

## *Sistema productivo*

**Cualquier país desarrollado de tamaño medio, está en condiciones de producir muchos más bienes que los que puede consumir**

El que un tratado o tratados internacionales acaben secuestrando la voluntad popular, es razón suficiente para denunciar su aplicación en todos sus extremos

El reparto de recursos, la selección de bienes a producir, las prioridades y su distribución territorial se basa en una combinación de decisiones políticas y de gestión del mercado. La política decide prioridades y el mercado selecciona la eficiencia. El equilibrio entre prioridades y eficiencia es una cuestión estratégica que incumbe exclusivamente a la soberanía popular.

En la sociedad capitalista, el modelo económico hace depender la riqueza de la demanda de bienes producidos por las empresas que tengan beneficios, instituyéndose éstos como la incentivación que conduce a la inversión en empresas

> El sistema productivo debe aportar los recursos necesarios para atender las necesidades de la sociedad

que, en ocasiones, son ajenas a las necesidades[72] de la sociedad. Se trata del proceso de acumulación económica.

Al romperse ese proceso económico[73], se afronta una disyuntiva política porque, la estabilidad de la sociedad, la redistribución de riqueza y las expectativas, dependen del crecimiento económico. La ruptura del indicado proceso ya fue debatida con la crisis económica de 1992, llevó a la conclusión de que tenía que acentuarse la preeminencia del mercado, desregular la gestión económica y disminuir la presión fiscal sobre las empresas.

Con los indicados criterios, se comparte la tesis de que el desarrollo económico de la sociedad había superado las posibilidades aportadas por la cultura industrial y se enfatizó la necesidad de impulsar una nueva fase del desarrollo[74], basada en la mundialización de la economía, una producción intensiva en nuevas tecnologías y elevado valor añadido.

---

72  Pueden darse casos en los que la demanda del mercado coincida con las necesidades de la sociedad, pero, en una sociedad basada en la desigualdad, se producen bienes y servicios que tan solo pueden pagar aquellas personas que disfrutan de rentas muy superiores a lo razonable. Por el contrario, se conocen enfermedades sobre las que no hay tratamiento porque no es rentable investigar sobre necesidades que no pueden aportar suficiente negocio.

73  En la filosofía sobre el razonamiento se le conoce como "árbol de las causas".

74  Para la gestión de esa nueva fase histórica, se aprovechó la experiencia más reciente de los EEUU en contraposición con la crisis de Europa y Japón.

El desarrollo de esa nueva estrategia dividió el mundo entre países especializados en producir bienes competitivos y países acostumbrados a gastar lo que no tenían. La quiebra de unas pocas instituciones financieras condujo a la difusión de la crisis a todos los países desarrollados. Tras el desconcierto inicial y pese al intento de unificar posiciones, emergieron dos posiciones ideológicas:

- Los conservadores postularon una sistemática reducción del gasto público para reducir el peso del endeudamiento.

- Las izquierdas promovieron la incentivación de la demanda a través de la liquidez aportada por los Bancos Centrales, para recuperar la actividad de una economía agónica.

Ninguna de esas políticas consiguió resultados dignos en un mundo acostumbrado a la inmediatez de los resultados económicos como consecuencia de fuertes iniciativas monetarias.

Los graves problemas producidos con motivo de la crisis también han permitido clarificar algunos aspectos del comportamiento económico. La tradicional acentuación de las diferencias sociales se ha trasladado a divergencias culturales. Por una parte tenemos países solventes más preparados para resistir la crisis y países condenados a sufrir toda su dureza.

Los países condenados no solo tuvieron que desprenderse de lo superfluo, sino que fueron perdiendo, poco a poco, su propia estructura productiva. Aunque las razones puedan parecer obvias, resulta necesario recordarlo: aunque no haya crecimiento económico, los mercados siguen funcionando y acentuando las desigualdades.

*En los países en donde no sea suficiente la competitividad para garantizar la cohesión de la sociedad, el Estado deberá asumir su responsabilidad interviniendo sobre la reorganización de la economía real.*

Esa es una discutible posición ideológica para quienes anteponen el dinero a las personas, la economía a la política y las leyes a la soberanía popular, pero es cuestión indiscutible para quienes anteponen el interés del Estado y del conjunto de los ciudadanos a cualquier otra cuestión ideológica o legal.

## La estrategia productiva

### El crecimiento económico depende del rendimiento productivo

En la actual fase del desarrollo mundial, los desajustes producidos por alteraciones climáticas, la incertidumbre política y la presión sobre la demanda de recursos básicos[75], conduce a un escenario de gran vulnerabilidad para los países dependientes de recursos producidos por terceros países.

La respuesta estratégica pasa por regular la actividad productiva, para que cada país pueda abastecer las necesidades básicas de su sociedad, con los recursos que pueda producir. Es evidente que ningún país puede eludir su dependencia con los demás, pero puede organizar su actividad productiva para minimizar tal dependencia. El propósito político podría expresarse en los siguientes términos:

*QUE LA RIQUEZA DE LOS PAÍSES*
*NO DEPENDA DE LA MISERIA DE OTROS.*

Esa es la servidumbre de vivir en el mismo planeta, asumiendo que no puede haber estabilidad mundial cuando se ejerce la supremacía de unos países respecto a otros.

La producción de bienes puede describirse como el proceso o procesos, que partiendo de recursos materiales, energía

---

75   Sería creciente en el supuesto que se recuperara el crecimiento económico.

y conocimientos, consigue bienes capaces de satisfacer las necesidades de las personas o de potenciar sus aptitudes.

El trabajo se encuentra en el origen de cualquier actividad productiva. Se basa en la combinación de actividades y conocimientos. Con la industrialización, el trabajo aportado por el esfuerzo físico de las personas fue progresivamente sustituido por máquinas que aprovechan fuentes externas de energía más eficientes, aportando un mayor rendimiento a la simbiosis productiva entre personas y máquinas.

Aunando tales criterios, se verifica que la riqueza de las naciones[76] depende de la capacidad para aprovechar los activos de cada sociedad, siendo más importante la aportación de la experiencia colectiva que la abundancia de recursos económicos.

## La eficiencia sistémica

**De la eficiencia en el aprovechamiento de los activos sociales depende la riqueza y estabilidad de la sociedad**

Cualquier mejora en la eficiencia global del sistema productivo supone un rendimiento agregado que puede traducirse en una mayor disponibilidad de recursos para los ciudadanos. En la medida en que se disponga de una mayor eficiencia global, podrán destinarse más recursos a la generación o inducción de nuevas actividades.

Lo que no puede hacerse, en un escenario presidido por bajos beneficios empresariales, es depender de la financiación exterior, porque son pocas las actividades empresariales que puedan garantizar rendimientos productivos equivalentes a los intereses exigidos por la especulación financiera internacional.

---

76    El discurso de Adam Smith, atribuyendo la riqueza de las naciones a la acumulación privada de capital, procede de una época que dependía de la escasez y del comercio.

Más allá de la organización de la producción específica de bienes, la eficiencia sistémica debería estar presidida por los siguientes criterios:

- Cuanto mayor sea la dependencia respecto a la producción de otros países, menor será la soberanía económica y política y mayor la dependencia respecto a las exigencias de los mercados.

- El trabajo es el hábito cultural que aporta valor añadido a la producción.

- El rendimiento global de la sociedad se acrecienta gracias a las sinergias que puedan producirse por la gestión sistémica de los activos de cada país.

- La aportación global de la eficiencia aporta rendimientos añadidos a los que proceden de la organización de la producción de bienes o servicios.

- La eficiencia es exigible a cualquier proceso: empezando por el diseño, la vida útil del bien producido y la forma de recuperar sus desechos.

- Cuanto mayor sea el número de condiciones exigidas a cada proceso productivo, o cadena de valor, menor será su eficiencia.

- Cualquier innovación en la gestión de la producción, deberá contemplar la interdependencia entre la automatización y la diversidad exigida por la sociedad.

- Cuanto mayor sea la vida útil de los bienes, mayor será la eficiencia productiva global, aunque no lo sea desde el punto de vista empresarial.

- Todo sistema se comporta como cualquier ser vivo. Sin adaptación se perece.

## Organización productiva

### Depende de la organización de los bienes básicos garantizados por cada sociedad

Ya nadie duda sobre la conveniencia de que servicios relacionados con la defensa, orden público, legalidad… sean de titularidad pública. Las opiniones discrepantes se deben a posiciones ideológicas fundamentalistas. Otro tanto podríamos decir de servicios públicos tan necesarios como sanidad, educación, servicios sociales y ayudas a la dependencia, más allá de la decisión sobre cómo podrían gestionarse mejor.

De tales experiencias y de las vividas en la crisis que estamos sufriendo, aconsejan extender la categoría de servicio público a aquellas actividades productivas que no aportan un valor añadido diferenciador en la decisión sobre su consumo: bien sea por depender de precios regulados o por cubrir necesidades básicas de la sociedad. Tales actividades acaban siendo la columna vertebral de la estructura productiva porque de su magnitud y organización depende el interés global de la sociedad. Con independencia del estatuto jurídico que pueda regular cada actividad, constituyen un conjunto de actividades interdependientes, interactuando cada una de ellas con empresas privadas que producen bienes de elevado valor añadido o de especializadas prestaciones.

El propósito del indicado diseño es hacer depender la estabilidad de la sociedad de su estructura productiva en vez de dejarla en manos de instituciones financieras que se desentienden de sus clientes y que gestionan los riesgos con un ordenador.

*Garantizar la disponibilidad de servicios y recursos básicos no es cuestión de precios, sino de derechos*

El dinero seguirá siendo importante, porque expresa el valor atribuido a los recursos y activos que la sociedad tenga que movilizar, pero no aporta la estabilidad y la seguridad que la sociedad necesita para que pueda ser dueño de su futuro colectivo.

- Queremos una sociedad que en vez de gestionar el intercambio de bienes, pueda garantizar la disponibilidad de recursos a sus ciudadanos.

- Preferimos depender más de nuestro trabajo que del valor que otros le atribuyan.

Una de las enseñanzas aprendidas como consecuencia de la crisis es que, siendo verdad que todos los países han sufrido sus consecuencias, los efectos más perversos han sido para los países cuya riqueza no dependía de sí mismos, sino del dinero prestado.

*EL MODELO DE SOCIEDAD QUE PROPONEMOS SUPONE ABANDONAR LA CULTURA DEL DINERO Y SUPLIRLA POR LA CULTURA DEL TRABAJO.*

## Interacciones

La primera valoración de una estructura sistémica tiene que ver con la naturaleza de sus dependencias, interdependencias e interacciones. En general, la solidez de su estructura depende más de la fortaleza de sus vínculos que del valor atribuido a sus actividades.

En el momento en que el Estado asume la responsabilidad de regular el funcionamiento de la sociedad, acaba siendo tan importante el diseño de la estructura como la gestión de sus interrelaciones. Ese sería el propósito de una vertebración productiva:

- El Estado asume la función de garantizar y estabilizar la disponibilidad de recursos y servicios básicos para sus ciudadanos.

- Los servicios públicos destinados a garantizar la igualdad de oportunidades entre los ciudadanos, serán financiados por el Estado a partir de los recursos aportados por un sistema fiscal progresivo.

- Serán financiados por el mercado, los bienes y servicios de interés privado y del mercado dependerá el margen comercial que las empresas pretendan aplicar.

- El Estado financiará las infraestructuras de interés global para la sociedad y los usuarios financiarán su mantenimiento y renovación a coste real, sin amortizaciones.

- La logística que garantice las interdependencias entre empresas será diseñada y gestionada por el Estado en complicidad con las empresas que tengan el derecho a utilizarlos.

## *Actividades emergentes*

El conjunto de actividades dependientes del mercado y especializadas en aportar valor añadido forman una estructura multiforme basada en la autonomía de las empresas que aporta novedades y sofisticación. Su eficiencia no depende tanto del rendimiento de su producción, como del valor añadido que el mercado pueda atribuir a cada bien en particular.

> No se trata de vender más sino de conseguir mejores prestaciones con menos recursos

El rendimiento de tal estructura dependerá de su competitividad, siendo la suma del valor aportado por su producción la que debería permitir la adquisición de recursos y bienes procedentes de otros países. De la experiencia de las últimas décadas se deduce que, tres podrían ser las tipologías de bienes dependientes del valor añadido:

- Las dependientes de su valoración o exclusividad.

- Las que aportan mejores prestaciones.

- Las que incorporan innovación técnica, ocasionalmente protegida por patentes.

El progresivo desplazamiento de la cultura del dinero por la cultura del trabajo, debería tener sus repercusiones en la estructura social, cambiando la distribución de la capacidad adquisitiva y la valoración social de la ostentación económica, razones por las que son previsibles cambios en la estructura del consumo, reforzados por una memoria histórica que podría cuestionar el inmerecido enriquecimiento y su exhibicionismo clasista. Ese nuevo entorno "moral" podría favorecer la emergencia de una nueva cultura en la que el valor añadido debería ser sustituido por prestaciones añadidas, auspiciadas por criterios tales como:

- Diseño: ergonómico.

- Estilo: minimalista.

- Prestaciones: previsibles.

- Vida útil: optimizada.

- Funcionalidad: completa para todas las funciones anunciadas.

- Calidad: total.

- Garantía: escalonada durante su vida útil.

Ese "pronóstico" no tiene otro propósito que el de aproximar al lector hacia las previsibles exigencias de un nuevo entorno cultural y moral, en extensión e intensidad. Tan solo resta añadir a tales reflexiones que: la historia nos enseña que los cambios producidos en la cultura y en la moral, dependen más de la autoridad que del Poder.

## *Expectativas*

En una economía globalizada, el crecimiento económico de los países desarrollados depende de su capacidad para producir valor añadido con destino a otros países y de su cuantía depende el crecimiento económico que puedan conseguir los países más desarrollados. Es decir, los bienes con destino a la demanda de países emergentes, se traducen en una mejora de la actividad de los países desarrollados, favoreciendo su crecimiento económico.

> Nada será como antes. Esa es la posición más realista

Al depender del valor añadido exportado, somos dependientes del rendimiento obtenido por los países emergentes. Esa es la lógica de la mundialización, dando por supuesto que los países emergentes podrían garantizar una creciente demanda para sostener las necesidades de crecimiento de los países desarrollados. Esa es la teoría aunque, la práctica indica lo contrario por dos razones fundamentales:

- A medida que mejora la productividad de cualquier actividad, se multiplican los esfuerzos necesarios para obtener un rendimiento menor.

- A medida que se desarrollan los países emergentes, menor es su dependencia técnica de bienes procedentes de los países desarrollados.

El país que sea capaz de incorporar valor añadido en todas las fases de cada uno de los procesos productivos, conseguirá mejorar el valor de lo que produce y mejorarán las prestaciones recibidas por los ciudadanos. La mejora cualitativa de la producción, aunque no se traduzca en un crecimiento de las magnitudes económicas, consigue una mejora del desarrollo de los países, con repercusiones económicas en todos los sentidos.

En la medida que tales evidencias sean comprendidas y asumidas por la consciencia colectiva de la sociedad, cada país tratará de maximizar la producción de sus propios recursos, sobre los que aplicará y mejorará el valor añadido a sus bienes producidos.

La crisis sistémica permite comprender que la estabilidad de nuestro planeta no puede depender de que los países desarrollados agoten los recursos del mundo para satisfacer unas convicciones basadas en un desarrollo económico que tienda a ser indefinido.

Nada se ha escrito sobre las dimensiones óptimas de una sociedad. Cada país o cultura podrá decidir las estrategias que mejor puedan complementar sus activos, concertando lazos complementarios y de reciprocidad con otros países.

## *La estructura sistémica*

**Gestiona la organización y producción de bienes y servicios necesarios para atender al interés global de la sociedad**

La estructura productiva que conocemos se basa en agregar empresas que producen bienes destinados al consumo, por lo que su estructura depende de las interdependencias que las empresas puedan haber establecido entre sí. Esa estructura mide su eficiencia a través del valor atribuido a los bienes distribuidos por el mercado.

Como consecuencia de la mundialización y de la externalización de actividades, podemos deducir que la riqueza de las naciones ya no depende de los beneficios empresariales sino de la productividad de su estructura productiva. Es lo que algunos denominan "productividad economía real". Cuando la eficiencia productiva incorpora la eficiencia aportada por el conjunto de la sociedad, podemos referirnos a la eficiencia sistémica de la sociedad. Es decir, estamos en condiciones de medir la eficiencia por dos vías:

- La conceptual, que valora la competitividad como el resultado de la eficiencia obtenida por la transacción económica de todos y cada uno de los bienes producidos.
- La sistémica, que evalúa la eficiencia de la sociedad a través de la estructura sistémica.

La gestión más simple se lleva a cabo a través de la competitividad del mercado, pero la más eficiente es la que depende de la productividad del conjunto de la sociedad. Es decir, la eficiencia sistémica depende del rendimiento obtenido por la producción de la sociedad y la eficiencia económica depende del rendimiento medido a través del mercado.

A las empresas les interesa la eficiencia económica, medida a través del mercado, porque de ella dependen sus beneficios. A la sociedad le interesa la eficiencia sistémica porque de ella depende su desarrollo económico y social. No se trata de una alternativa disyuntiva, sino de saber combinar la complicidad entre el poder político y las empresas privadas.

## *Interdependencias*

Uno de los problemas conceptuales tiene que ver con el razonamiento causal que, para una mejor comprensión, nos referiremos a él como razonamiento dependiente. Es decir, se considera que cada suceso a interpretar depende de la causa que lo haya provocado. En la realidad los hechos son bastante más complejos, siendo interdependientes los sucesos que dependen de un mismo proceso histórico e interactivo en aquellos sucesos que se concatenan en un mismo plano temporal equivalente[77].

---

77   En el mundo de la física, los planos temporales deberían considerarse como infinitesimales pero, en el mundo de las relaciones políticas, depende del tiempo necesario para que se produzcan las respuestas interactivas.

Por ejemplo, se atribuye a la ciudadanía la responsabilidad de un excesivo endeudamiento[78] cuando el razonamiento es dependiente de la relación causa-efecto. Cuando se ensancha el horizonte del análisis, detectamos que la responsabilidad es compartida con las instituciones financieras que han ofrecido préstamos en condiciones excesivamente favorables.

Lo mismo sucede con respecto a la valoración de la crisis. Desde el punto de vista causal o de razonamiento encadenado, se produce la crisis porque los ciudadanos han consumido más de lo que tenían. Desde el punto de vista sistémico:

*EL VALOR DE LO CONSUMIDO DEBE SER EQUIVALENTE AL VALOR DE LO PRODUCIDO.*

Es decir, no son los consumidores quienes deben expiar su culpa, sino quienes han decidido la forma de organizar la producción y la economía que debería regularla; porque ha sido aplicado un razonamiento ideológico no verificado y adoptado por lealtad política y que nada tiene que ver con el pronunciamiento de los ciudadanos.

Ese tipo de disfuncionalidades fueron soslayadas en el pasado porque la realidad quedaba absorbida ante las expectativas de crecimiento. La creciente mejora de la ocupación y del desarrollo permitía acrecentar el

> El país que no viva de lo que produce, acabará dependiendo del subsidio de los demás

disfrute de más bienes por persona, de mejores expectativas en lo económico y de creciente mejora salarial. Fueron esas expectativas las que nublaron la percepción histórica de la realidad, porque bastaba para colmar las expectativas personales, aunque la realidad fuera muy distante de lo que considerábamos moralmente deseable.

---

78   Las áreas urbanas han asumido con menos resistencia que las rurales, la bondad del mensaje neocapitalista.

Al agotarse el crecimiento económico, la capacidad de consumo sigue dependiendo de la capacidad productiva, razón por la que el conjunto de la sociedad debe adaptarse al rendimiento de los bienes que produce. En ese nuevo escenario, las expectativas dependen de la capacidad de ahorro o de innovaciones capaces de añadir renovado valor añadido.

## *Eficiencia productiva*

Depende de la eficiencia obtenida en el proceso aplicado a la cadena de valor de cada uno de los bienes producidos. La empresa ha sido el instrumento productivo institucionalizado, especializado en producir bienes con una eficiencia organizativa y técnica capaz de aportar beneficios económicos a través de las transacciones comerciales.

La productividad de cada empresa depende de su organización, del diseño de los bienes, de la innovación agregada, de los costes de producción y logísticos y de las posibilidades para aprovechar los activos de su entorno económico.

Más allá de los aspectos que afectan a la eficiencia de cada empresa y sobre los que tanto se ha escrito, la realidad global ofrece la siguiente disfuncionalidad:

• Las empresas deciden el emplazamiento de sus centros de producción, valorando la aportación de su entorno en el rendimiento de los bienes que produce, pero...

• El Estado no valora el rendimiento que aportan los activos de la sociedad para decidir su política económica y productiva[79].

---

79  La excepción depende de la convicción ideológica de limitar las decisiones a cuestiones económicas. La capacitación profesional, la formación superior, la investigación, las infraestructuras, la política energética, la normalización, los mínimos de calidad... acaban plasmándose en políticas inconexas de distintas administraciones.

Ese es el déficit más importante de las economías actuales. La economía capitalista ha dependido tanto de los recursos aportados por las empresas, que las instituciones económicas han descuidado la aportación del conjunto de la sociedad.

Para la ideología neocapitalista, la gestión económica de la sociedad se limita a regular el uso del dinero recaudado vía impositiva y a regular la actividad social. Desde una percepción sistémica de la sociedad, la economía es uno de los muchos sistemas reguladores que debe complementarse con el sistema productivo y con la organización territorial y social... Se trata de poner fin a la simplicidad actual para afrontar la realidad, reconociendo su complejidad y las disfuncionalidades que en caso contrario se están acumulando.

Para facilitar la comprensión del tema, reduciremos la eficiencia productiva a los aspectos que se refieren a las habilidades de las personas. Estas habilidades son parte de un proceso histórico en el que las personas han ido acumulando conocimientos y especializando su aplicación profesional para facilitar la eficiencia de los resultados. El problema reside en que la especialización personal forma parte de la división del trabajo, pero la política es la función que debe ser capaz de integrar el conjunto de actividades para que los resultados puedan ser coherentes con las necesidades de la sociedad. Del repaso de los espacios culturales podemos deducir su complejidad:

- La cultura del trabajo, que ha evolucionado gracias a la creciente involucración personal de los trabajadores[80], puede minimizar el esfuerzo físico para maximizar la aportación de conocimientos y habilidades.

---

80   El trabajo deja de ser un simple factor de la producción, para instituirse en el referente que permite garantizar la eficiencia, la fiabilidad y el acabado de los frutos de cualquier actividad social.

- La cultura agraria, incorpora en sus nuevas actividades, conocimientos procedentes de la innovación industrial y científica, afrontando el tradicional agotamiento de las tierras de cultivo, mecanizando el trabajo, combatiendo plagas, ensayando mutaciones e incorporando valor añadido en las cadenas alimentarias, hasta alcanzar su consumo final en la ingesta de alimentos. Se han establecido sinergias con la salud, con el consumo del agua, con el cuidado medioambiental y con criterios de seguridad alimentaria...

- La cultura industrial ha permitido sustituir el esfuerzo físico del trabajo por máquinas impulsadas por energía a las que se les puede programar diversas actividades en función de la información y flexibilidad decidida a través del diseño. Gracias a la cultura industrial[81] se puede disfrutar de bienes y recursos inexistentes en la naturaleza, diseñados para satisfacer o mejorar alguna de las necesidades humanas.

- La cultura logística, ha permitido minimizar la gestión del transporte[82] y almacenamiento de bienes, para facilitar la interdependencia entre empresas, para prolongar la vida útil de los bienes y minimizar el coste del transporte.

- La cultura del valor económico ha hecho depender la producción de la valoración que el mercado asigna a los bienes. Para la economía de mercado poco importa cómo y dónde se produce, mientras sea competitivo el precio final. Al desvincular la valoración económica del lugar donde se añade el valor, acaba produciéndose una disociación entre la riqueza empresarial y el desarrollo de los países.

---

81    Del desarrollo de la cultura industrial procede la investigación técnica y científica.

82    Para comprender la importancia de su repercusión, bastará con recordar que en la fabricación de automóviles, por ejemplo, el coste logístico suele ser superior al coste laboral.

Como quiera que el mercado[83] tan solo valora el valor final de los bienes, se desentiende de dónde y cómo se producen. Del valor depende el beneficio empresarial y de la forma de producir y del lugar donde se produce, depende la riqueza de los países.

## *Producción flexible*

La eficiencia del conjunto de las actividades acaba siendo mixta, porque lo que interesa a la sociedad es la eficiencia del conjunto de sus actividades, traduciéndose en riqueza para el conjunto de sus ciudadanos. De ello se infiere que empieza el proceso histórico relacionado con la actividad social con una gestión económica basada en la competitividad y sigue con una maduración de las experiencias que permite estar en condiciones de percibir y gestionar el sistema productivo como una realidad más compleja donde se entrecruzan dos estructuras:

> Se trata de aprovechar las tecnologías de las multinacionales para adaptar la producción a las necesidades de cada sociedad

- Organizaciones empresariales formando una estructura multiforme, basada en la competitividad de los bienes producidos y

- Una estructura sistémica formada por actividades interdependientes regulada con criterios productivos interdependientes para garantizar una óptima eficiencia a cada proceso o cadena de valor que integra la estructura.

Es en ese momento de la reflexión cuando surge la conveniencia de advertir que la estructura sistémica es flexible porque lo son los

83  Aunque el mercado se ineficaz para regular el desarrollo de cada sociedad, es eficiente para regular la gran diversidad de bienes y servicios que la sociedad moderna está produciendo.

134 Josep Maria Triginer Fernández

procesos al adaptarse a la actividad que sea encomendada por la dirección de la estructura. La vertebración de la estructura se basa en la información intercambiada y su vértice es el equivalente a la función que llevaría a cabo una ingeniería de sistemas, distribuyendo actividades, evaluando costes, calidades y carga de trabajo a partir de proyectos propios o adquiridos en el mercado.

La estructura sistémica tiene el propósito de optimizar la eficiencia a través de un modelo de producción flexible, porque no se le puede pedir a la sociedad que se adapte a las economías de escala multinacionales. La tecnología disponible permite una producción flexible sin pérdidas perceptibles de productividad porque eso es lo que acaban haciendo las empresas multinacionales. Resumiendo: en vez de utilizar la flexibilidad productiva para aprovechar las oportunidades de un mercado mundializado, pretendemos utilizar la flexibilidad para adaptar la producción a los bienes que pueda necesitar nuestra sociedad.

Como complemento a los aspectos técnicos relacionados con la producción flexible, insistiremos en aspectos ya comentados y que puede ser útil recopilar:

- Es más fácil asimilar la innovación técnica que adaptar los hábitos y convicciones de cada cultura. La consecuencia efectiva es que el rendimiento de una estructura productiva depende más de su entorno cultural, que de las innovaciones técnicas diferenciadas respecto a otros competidores.

- La experiencia productiva y su eficiencia, se complementan con valores culturales especializados[84]: esfuerzo, profesionalidad, experiencia, excelencia, disciplina, puntualidad, sincronización, calibración, normalización, compañerismo, complicidad, adaptación, solidaridad, racionalidad, pragmatismo...

---

84   Valores complementarios tan importantes como las relaciones contractuales, la competitividad y la valoración de las cosas, van asociados al capitalismo.

# Límites al rendimiento

## En el mundo físico, cualquier rendimiento tiene su límite

No pudiendo consumir más de lo que podemos producir, los límites al rendimiento productivo, acaban siendo límites al consumo de recursos. Esa es una de las razones por las que es insostenible cualquier sistema económico que dependa del crecimiento constante[85].

Aunque el valor de lo producido no tenga límites, los tiene el rendimiento de la organización social y del sistema productivo, de los que depende la riqueza de cada país. En esencia se trata de asumir que no podemos superar los límites físicos que impone la naturaleza.

La supervivencia de los países desarrollados no puede depender de que otros países sean menos competitivos.

Evitemos que la competitividad conduzca a una guerra económica entre civilizaciones

Dependiendo el rendimiento productivo[86] de la simbiosis entre personas y máquinas, la productividad irá asociada a las personas necesarias para garantizar la calidad, diversidad y eficiencia exigible a la producción, verificándose que:

- A mayor automatización, menor será el trabajo físico de los trabajadores.

---

85    Cualquier empresa puede mejorar su rendimiento productivo, pero debería afectar a todas las actividades para que repercutiera en el desarrollo del conjunto de la sociedad. Esa es la dificultad, la razón por la que los economistas hacen depender el desarrollo de la actividad económica.

86    En teoría el rendimiento puede utilizar cualquier otro referente, pero la finalidad de cualquier rendimiento es el de atender a las necesidades de las personas, razón por la que se utiliza la productividad como referente para la producción de bienes o servicios.

- La innovación y la organización son las vías para mejorar[87] el rendimiento productivo.

Las tecnologías difundidas en la década de los '90 y destinadas a la gestión de la información, telecomunicaciones y optimización de la calidad, fueron aplicadas al desarrollo de la mundialización de la economía aunque también han contribuido al desarrollo de la producción flexible adaptada a la diversidad de bienes. De las oportunidades que brinda el tratamiento de la información destinada a la producción de bienes y servicios, cabe inferir:

*LA ELECTRICIDAD SUPUSO PARA LA INDUSTRIALIZACIÓN,*
*LO QUE LA DIGITALIZACIÓN REPRESENTA PARA*
*LA GESTIÓN DE LA INFORMACIÓN Y DEL CONOCIMIENTO.*

Digámoslo en otras palabras, la disponibilidad de energía y de información constituyen las bases de cualquier desarrollo. La electricidad es la forma más eficiente para difundir la energía y la digitalización es la forma más eficiente para transmitir la información.

Los retos estratégicos que podamos plantearnos desde el punto de vista de la productividad ya no se refieren al propósito de maximizar el rendimiento sino de optimizar la relación entre diversidad y eficiencia, entre energía e información.

## *Modelo de empresa*

### El funcionamiento de una empresa es equivalente al de un microsistema funcionalmente especializado

Las empresas son instituciones organizadas para aprovechar sus activos y los aportados por la sociedad, desde donde llevan a

---

87    La mejora productiva no implica superar el límite del rendimiento productivo.

cabo sus actividades. Su organización[88] se hace dependiente del procesamiento de recursos para obtener bienes que se producen o comercializan. De todas las valoraciones posibles, el único interés político tiene que ver con la aportación a la sociedad donde llevan a cabo sus actividades.

Desde el punto de vista capitalista, la función y finalidad de una empresa es la de conseguir el máximo rendimiento al capital invertido[89]. Desde el punto de vista sistémico, el beneficio financiero es una forma de medir la eficiencia empresarial, pero la eficiencia no se limita a los aspectos financieros, complementándose con los efectos inducidos por las interacciones que mantiene con clientes, proveedores y activos de la sociedad. Es decir, la actividad empresarial induce beneficios indirectos a la sociedad que van más allá de los financieros y esa es la razón por la que es desesperante observar la impasibilidad del Estado ante la creciente desaparición de empresas como consecuencia de dificultades financieras.

Lo característico de una empresa es su capacidad para añadir valor a su actividad y esa capacidad debe entenderse en términos de proceso productivo, valorando su aportación económica y social a lo largo de la vida útil de la empresa[90]. Una empresa tiene un gran parecido con un ser vivo porque puede: reproducirse, evolucionar y adaptarse, al ajustar sus interacciones entre sus eficientes departamentos.

---

88   Al igual que sucede con los sistemas, la organización empresarial se hace dependiente de múltiples disciplinas académicas sintetizando en sus decisiones criterios interdisciplinarios. La diferencia se encuentra en la finalidad. Para los sistemas se hace dependiente del interés global de la sociedad y para las empresas depende de la naturaleza del producto o productos que se gestionan.

89   Esa es la apreciación de cualquier negocio.

90   Los resultados de las empresas no se limitan a los beneficios contabilizados a lo largo de un ejercicio, sino que dependen de lo que la empresa pueda dar de sí, a lo largo de su vida útil.

## Emprendedor

La figura del emprendedor se refiere a su capacidad para concebir diseñar y crear su proyecto empresarial con la convicción necesaria para ilusionar a sus colaboradores. El proyecto empresarial es la expresión creativa de cualquier emprendedor, induciendo un compromiso efectivo con la empresa y generando complicidades superiores a los que aportaría una escandalosa remuneración económica. Los desmesurados sueldos para ejecutivos, ponen de manifiesto la inestabilidad de un modelo de empresa dependiente del negocio aportado por los activos financieros.

Una empresa no debería parecerse a un negocio, aunque se reconozca al empresario la legitimidad para recuperar su inversión. Los beneficios empresariales dependen del valor añadido a la actividad empresarial y las rentas del capital dependen del mercado de capitales.

- Al profesional se le paga por su trabajo.
- Al capitalista por el riesgo asumido.
- Al empresario por el valor añadido que pueda incorporar a su actividad.

## Empresas de valor añadido

### El valor de su producción es superior
### a la suma de los costes parciales

Aunque en su origen, el capitalismo se hacía depender del éxito empresarial y de los costes asociados a los factores de producción, con la evolución de la sociedad, pierde valor relativo la remuneración del capital y del trabajo físico aportado por los trabajadores. En el modelo de empresa que está emergiendo, el valor de los activos empresariales depende cada vez más del conocimiento añadido a la producción: investigación técnica, patentes, diseño, calidad, garantías, "saber cómo", marca, fiabilidad, conocimiento del mercado, confianza...

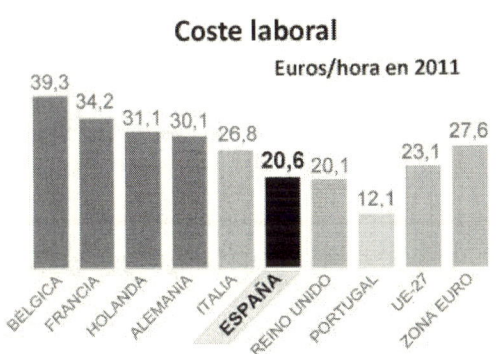

**Coste laboral**

Euros/hora en 2011

Aunque el capital siga siendo importante y lo sean los costes laborales, la estabilidad y rentabilidad de la empresa depende más de su capacidad para generar valor añadido que del negocio obtenido con la reducción de costes laborales o financieros.

Esa es una consecuencia deducible a partir de la adjunta gráfica de Eurostat. Los activos empresariales y sociales acaban siendo los factores de producción que contribuyen a la competitividad de las empresas en un mercado abierto como el de la UE.

Los activos empresariales son el fruto de una estrategia empresarial a medio y largo plazo. Las empresas que dependen de políticas a corto plazo, acaban en manos de gestores financieros y las empresas con estrategias a medio y largo plazo, suelen ser dirigidas por emprendedores que dejan su impronta personal en la imagen y actividades de la empresa.

En la sociedad actual, los beneficios empresariales suelen calcularse en relación con los costes de la empresa. Cuando la gestión se enjuicia a partir

Para la riqueza de un país se necesitan más empresas y menos negocios de criterios financieros, algunas reducciones de costes suponen una reducida proporción del gasto, pero suponen una fuerte reducción de los activos empresariales.

También cambia la percepción de la empresa. En vez de representar un negocio organizado en función del rendimiento del capital, la nueva empresa acaba siendo parte de un conjunto de interdependencias que la empresa mantiene con sus proveedores, clientes, Administración, instituciones tecnológicas y protocolos para la normalización. Paralelamente se aprovecha la complicidad con empresas auxiliares o complementarias, que puedan aportar conocimientos o información especializada que permita generar sinergias derivadas de la recíproca colaboración.

## Relaciones sociales

### De una actividad laboral considerada como coste de producción, pasamos a la personalización de los mejores activos empresariales

Las actividades económicas descritas en el origen del capitalismo eran tratadas como un negocio dependiente de las rentas obtenidas por los factores de producción. Ese modelo de actividad consideraba el trabajo como un coste, conduciendo a la confrontación que, los marxistas definían en términos de lucha de clases. En las políticas neocapitalistas, hemos retornado a un modelo de empresa dependiente de su estructura financiera.

Durante la II Guerra Mundial y con el propósito de diseñar las condiciones que hicieran posible una gestión estable de la posguerra, fue aprobada la Declaración de Filadelfia[91], incorporada como anexo a la Declaración de la OIT. A destacar que se proclamaron

---

91    10 de mayo de 1944

principios que cuestionaban que el trabajo fuera considerado como una "mercancía" y se asumió que la negociación colectiva sustituyera la tradicional confrontación entre clases sociales.

Ese modelo de consenso social fue pactado en 1944 y está siendo desmantelado en nombre de la competitividad. Las recientes reformas laborales impulsadas en nombre de la ortodoxia económica y de la competitividad suponen:

- Renunciar al consenso político sobre el que se diseñó y difundió la democracia.

- Anteponer los intereses económicos a la voluntad popular.

- Truncar el proceso histórico de la Civilización occidental.

- Poner fin a la negociación colectiva y a la representatividad sindical.

No se trata de más o menos derechos de los trabajadores, sino de que comprendamos que se nos está imponiendo un modelo de sociedad que se desentiende de las conquistas sociales logradas a través del consenso. Es decir, se está postulando la confrontación social sin que los políticos que la promueven sean capaces de discernir sus consecuencias.

> Podemos ser más pobres, pero si renunciamos a nuestros derechos, a las conquistas sociales y a la cohesión de nuestra sociedad, renunciamos a nuestra identidad, a nuestra razón de ser y a las conquistas de nuestros antepasados.

Cuando expertos en despropósitos, se atreven a enumerar aquello que no nos podemos permitir, deberíamos recordar que el único lujo que deberíamos impedir es aquel que premia a estafadores, dirigentes ineptos y responsables de la crisis:

**LA SOCIEDAD QUE INCITA Y PREMIA A LOS DEPREDADORES, ACABA SIENDO SU VÍCTIMA.**

## Aportación del trabajo

### El trabajo se encuentra en el origen
### de cualquier actividad humana

Empezó siendo una combinación de fuerza física, habilidad e ingenio personal, para convertirse en la gestión del conocimiento[92] necesario para regular las máquinas e instrumentos de la actividad productiva. Siempre habrá actividades en las que sea importante conjugar esfuerzo y habilidad, pero cuando la sociedad cambia la valoración del trabajo, debería renovarse la forma de regularlo adaptándolo a la nueva realidad.

*EL TRABAJO YA NO ES UN SIMPLE FACTOR DE LA PRODUCCIÓN, SINO LA PARTE SUSTANTIVA DE CUALQUIER ACTIVIDAD SOCIAL.*

Ha llegado el momento de reorganizar unas relaciones laborales en las que empresarios y trabajadores puedan dar lo mejor de sí mismos, a través del conocimiento y compromiso recíprocos, al entorno de un común proyecto de empresa del que dependen todas las partes interdependientes. La experiencia alemana basada en la cogestión, bien podría ser una base de partida, a negociar y enriquecer entre las partes. Tampoco se pueden menospreciar experiencias del trabajo cooperativo.

# Sistema económico

### La finalidad de la economía es la de gestionar
### la distribución de los recursos producidos por sus ciudadanos

Cuando los recursos del Estado destinados a atender el interés general acaban dependiendo del crecimiento económico, el

---

92   Se inicia la valoración de trabajo a partir del esfuerzo para llegar al momento en el que se valora el conocimiento aportado durante la actividad.

advenimiento de la crisis[93] económica incita al Estado a volcar todos sus recursos a la recuperación de la economía. Ese ha sido un método que ha funcionado en otras crisis, acompañado de medidas tendentes a mejorar la eficiencia económica. La aplicación de ese mismo método no ha producido resultados en la crisis que estamos afrontando en la actualidad. Los Estados han agotado su capacidad para endeudarse y no se vislumbra que podamos contar con una capacidad realista de devolver el endeudamiento público y privado sin acudir a una "quita" global y generalizada. De tales experiencias cabe inferir que:

> No puede haber política sin economía, ni economía sin política

*LA READAPTACIÓN DE NUESTRA SOCIEDAD NO TIENE POR QUÉ DEPENDER DEL CRECIMIENTO ECONÓMICO.*

El crecimiento económico ha sido la vía que mejor ha permitido adaptar la sociedad a las aportaciones de nuevos conocimientos, al desarrollo de nuevas habilidades y al diseño de nuevas estructuras sobre el territorio y la sociedad. Es decir, el crecimiento de la economía ha sido un instrumento de la sociedad, pero lo importante no es el crecimiento sino que éste aporta la posibilidad de promover y financiar el desarrollo de la sociedad para hacer posible la evolución de la estructura social, política y económica.

El crecimiento económico ha permitido contar con los recursos necesarios para renovar las estructuras sociales, económicas y territoriales que hayan quedado obsoletas por la acumulación de conocimientos.

La ausencia pertinaz de crecimiento económico sitúa al Estado ante la necesidad de asumir su función reguladora

---

93   Cualquier crisis debería entenderse como la necesidad de afrontar las consecuencias de la evolución de nuestra sociedad y de su interpretación depende la oportunidad de seguir con una nueva fase del desarrollo social.

de la sociedad. Es decir, no se puede depender de doctrinas económicas cuando éstas no garantizan la renovación de la sociedad en los términos que permitan su desarrollo.

El desarrollo histórico de la sociedad se ha hecho dependiente de la expansión del mercado y ésta era paralela al crecimiento de la economía, a la mejora de la productividad, de la innovación técnica y de los avances científicos. Han sido los vectores que han inducido el desarrollo de la sociedad.

Como consecuencia de la mundialización se ha favorecido el crecimiento de las empresas y fomentado la especialización en la producción de bienes, a costa de reducir la capacidad de adaptación de las estructuras de los países, más dependientes del dinero que la política.

## Incentivación del crecimiento

En una economía capitalista, cualquier crecimiento económico se basa en la expansión del mercado, combinada con el necesario afán de lucro que garantiza la selección de decisiones económicas que hacen posible el recíproco beneficio de comprador y vendedor.

Para legitimar el comportamiento económico que lo hacía posible, Adam Smith desmenuzó la producción de bienes a partir de criterios dependientes de los factores de producción. Se trataba de reducir su coste para maximizar la recíproca eficiencia a través del mercado. Esa fue la tesis que condujo a la explotación de los trabajadores y a la lucha de clases hasta que las grandes potencias advirtieron que tal equívoco podría poner fin al Capitalismo, razón por la que revisaron los principios de la OIT advirtiendo que el trabajo no podía ser considerado como un factor de producción.

Las tesis económicas que institucionalizaron la negociación colectiva empezaron a difundirse tras la II Guerra Mundial. En tales condiciones, el crecimiento económico se hizo depender de las mejoras productivas, aprovechando las innovaciones técnicas desarrolladas por la industria que acabaron difundiéndose hacia otras actividades. En paralelo con estas mejoras, se aplicaron incentivaciones económicas, diseñadas para activar las economías en recesión[94]. Ese modelo, creado para favorecer la prosperidad tras la II Guerra Mundial, se complementa con los siguientes criterios:

- La incentivación económica acrecienta la actividad, favoreciendo el crecimiento si esta va acompañada de mejoras productivas aplicadas al conjunto de la economía.

- El valor añadido puede traducirse en crecimiento económico cuando la balanza de pagos acaba siendo positiva.

- La competitividad se convierte en crecimiento económico cuando la producción competitiva de bienes y servicios, pueda ser absorbida por un mercado que cuente con suficiente capacidad adquisitiva.

Fue en 1993 cuando se introdujeron nuevos cambios en la doctrina económica. Se trataba de expandir el mercado para afrontar la crisis que se venía arrastrando desde la década de los años '70. En esencia, fue consensuado un nuevo MODELO ECONÓMICO y de sociedad, que se basaba en los siguientes criterios:

Desarrollo de una sociedad posindustrial[95] basada en el declive de la revolución industrial, la preminencia de los servicios, el creciente desarrollo de la mundialización de la economía y el neoliberalismo.

---

94   La incentivación económica pretendía evitar los efectos perversos de la recesión con motivo de la crisis económica de 1929 y como consecuencia de la devastación sufrida por la Guerra.

95   Tesis económica basada en la tesis sociológica de Daniel Bell.

Lo más importante es que el diseño de un nuevo modelo de sociedad se decide a través del encuentro de los siete supuestos dirigentes mundiales y que las consecuencias de sus decisiones se sitúan por encima de todas las Constituciones del mundo.

## *Los resultados*

La mundialización de la competitividad favorece el crecimiento económico hasta que las empresas se ven en la necesidad de deslocalizar parte de su producción para poder competir. Desde entonces, el libre mercado conduce al desarrollo de un sistema productivo mundializado en el que la competitividad ya no depende de la productividad y se hace dependiente de lo que puede aportar cada sociedad: no son las empresas las que compiten sino la cultura de los países en lo que se refiere a costes, habilidades o conocimientos.

Así podrían resumirse los cambios producidos en la división internacional del trabajo:

- La riqueza de cada país que, en el pasado dependía de su producción de bienes, en la actualidad depende de su cuota de participación en la estructura productiva mundializada.

- La producción que no dependa de un valor añadido competitivo, acaba siendo desplazada por la producida en otros países o exonerada gracias a las ventajas comparativas aportadas por la proximidad.

- El libre mercado, no solo favorece las desigualdades entre personas, sino que acentúa las existentes entre los países.

- La competitividad que antaño se libraba en relación con determinados bienes, en la actualidad involucra a las empresas y a los países.

- Como consecuencia de la crisis, hay países especializados en la economía real y los hay que creyeron en la estabilidad económica aportada por los servicios.

## *Desarrollo económico*

**No dependemos del dinero
sino de lo que seamos capaces de hacer**

La estructura mínima del sistema económico se basa en la necesidad de capital para financiar las inversiones necesarias para el crecimiento de la economía y la disponibilidad de

> El desarrollo del sistema capitalista se basa en el mercado

suficiente liquidez para regular las ocasionales alteraciones del mercado. Ese conjunto de actividades han sido confiadas al sistema financiero que gestiona la acumulación de capital procedente de los beneficios empresariales y del ahorro público y privado. La regulación eficiente del flujo de capitales se confía al mercado. Tal estructura económica es presidida por el Banco Emisor que regula el precio del dinero para adaptarlo al valor de la actividad comercial con terceros países o zonas monetarias.

Esa ha sido la estructura económica que ha gestionado el crecimiento y desarrollo de la actividad económica en cada uno de los países. El crecimiento ha sido posible gracias a la mejora productiva de las empresas y la incitación de la demanda ha conseguido acelerarla.

Cuando fue disminuyendo el crecimiento de la economía, los neoliberales advirtieron de que los estímulos a la demanda se traducían en inflación, postulando la desregulación y privatización de las actividades económicas para terminar proclamando el fin de la era industrial y las oportunidades de la mundialización de la economía. El resultado fue la recuperación del crecimiento económica hasta que se constató que el crecimiento obtenido se consiguió a costa de un generalizado endeudamiento masivo.

La economía virtual desarrollada en unos pocos años, acabó derrumbándose y se mantiene el sistema económico gracias a la gestión de los bancos centrales. Puede describirse en los términos que se quiera, pero lo cierto es EL SISTEMA ECONÓMICO DE LOS PAÍSES MÁS DESARROLLADOS SIGUE DEPENDIENDO DE LA ECONOMÍA VIRTUAL SUSTENTADA POR LOS BANCOS EMISORES.

Esas son las características más relevantes de la situación económica.

- La crisis financiera es la que requiere mayor atención como consecuencia del endeudamiento de cada país y de sus posibilidades para afrontarlo.

Los países se resisten a aceptar que la deuda no pueda devolverse porque algunos economistas siguen creyendo en la recuperación del crecimiento. No comprenden que hemos agotados las posibilidades de crecer a través de la gestión del mercado. La crisis del sistema capitalista es irreversible.

- Con un desarrollo de la sociedad bloqueado, sin crecimiento económico, la supervivencia de cada país depende de su propia riqueza[96] o del crédito que los mercados le otorguen.

> Renunciar al trabajo de nuestros conciudadanos a cambio de precios más bajos, equivale a un suicidio colectivo

Como quiera que el recurso al crédito supone mayor endeudamiento, a medio plazo, tan solo resta desarrollar la

---

96    No puede confundirse la riqueza con el dinero. Ese es uno de los errores cometidos por políticos y economistas que han vivido al margen de la economía real.

propia riqueza de los países. Es un "imperativo categórico" aprovechar todos los activos humanos y materiales que puedan proporcionar la cohesión social[97] necesaria.

- La crisis económica afecta al rendimiento del sistema productivo de cada país. Se agotan sus posibilidades cuando se carece de medios para competir en un entorno internacional.

Sin crecimiento económico tan solo pueden competir en el mercado internacional, aquellas actividades ya consolidadas y que puedan acreditar experiencia, prestaciones, precio y garantía para los bienes comercializados en el mercado mundial.

- Como quiera que el desarrollo de cada país depende de la riqueza que haya sabido desarrollar en un entorno presidido por la mundialización de la economía, la prolongación de la crisis tan solo sirve para destruir tejido productivo.

Con excepción de países históricamente desarrollados, que ya cuentan con un desarrollo uniforme bajo un punto de vista social y territorial, cualquier otro país menos afortunado, tendrá que buscar su propia vía al desarrollo si pretende evitar la irremediable degradación de su sociedad.

Los países que no cuenten con riqueza suficiente, tendrán que afrontar sus deudas[98] drenando el reducido ahorro que puedan mantener los sectores activos de la sociedad. En tales condiciones, mientras no se mutualiza la deuda, la liquidez necesaria para recuperar la actividad económica será conducida por los mercados hacia los países más solventes, siendo irrelevante la mejora competitiva que pueda obtenerse por la vía de la reducción del gasto.

---

97    Es insostenible la sociedad que no sea capaz de cohesionar a sus ciudadanos.

98    A efectos económicos, poco importa que el endeudamiento sea público, privado o financiero.

## Poder económico

De la interpretación atribuida al uso del dinero, derivan las doctrinas económicas que han permitido regular el desarrollo de la economía. Del valor de la moneda y de la cantidad utilizada

> *La sociedad capitalista valora recursos, bienes y actividades gracias al precio de mercado*

para representar el valor de los recursos económicos, derivan la mayoría de las crisis económicas de nuestra historia. Pese a las crisis económicas, con el dinero se ha podido regular la acumulación de capital, desarrollar el crecimiento económico, promover la investigación y desarrollar políticas solidarias con destino a trabajadores, ciudadanos y países.

La historia nos enseña que el dinero ha sido el instrumento económico más importante, tradicionalmente dependiente de tasas de interés gestionados por un mercado que guarda relación con la solvencia atribuida[99] a la representación económica y política del banco emisor[100].

El poder económico depende de la capacidad para decidir la cantidad de dinero en circulación porque de su cuantía, depende del valor de la moneda y de cuanto pueda adquirirse con ella y de él también depende la capacidad para decidir cómo se gestiona y distribuye la liquidez y la disponibilidad efectiva de dinero.

Esas han sido facultades formalmente reservadas al Estado que han acabado transferidas a instituciones financieras supuestamente independientes y que actúan como un Poder paralelo al Estado, eludiendo la necesidad de rendir cuentas a la soberanía popular.

---

99    Las grandes potencias económicas han utilizado su moneda como instrumento de dominación económica.

100    El banco emisor decide cuánta moneda debe circular en el sistema económico para que las transacciones económicas puedan realizarse sin dificultades con un valor estable de la moneda.

La desregulación promovida por el neocapitalismo, ha supuesto que las decisiones económicas se hicieran dependientes de intereses financieros privados. Hemos aprendido de tales experiencias que la ideología económica tiene el poder necesario para imponer sus decisiones porque los ciudadanos han creído que la economía era apolítica.

**ESE ES UNO DE LOS GRAVES ERRORES POLÍTICOS DE NUESTRA ÉPOCA**

## *Nuevo paradigma*

La economía social de mercado se legitimó asegurando que, en un mercado competitivo, eran legítimas y eficientes las inversiones que permitían atender necesidades de los ciudadanos. Se decía que, la competitividad garantizaba el mejor precio en las mejores condiciones técnicas y de servicio. Mientras, contando con una constante mejora de la productividad, se financiaba el crecimiento de la actividad económica y las instituciones financieras estaban en condiciones de arriesgar su capital para que sus clientes pudieran crear o ampliar nuevas empresas que, contribuían a la diversificación de actividades y al desarrollo del conjunto de la sociedad. En eso podía resumirse la economía política hasta que empezó a declinar el rendimiento productivo de los países industrializados.

Al disminuir el rendimiento productivo, empezaron las políticas de reconversión industrial al tiempo que se recomendaba acudir a economías de escala a través de la mundialización de las empresas y la deslocalización de algunas actividades. La adaptación de las empresas a una reducción del rendimiento productivo supuso un primer cambio en la estrategia económica. En vez de producir para atender las necesidades de los ciudadanos, se producía para mantener o mejorar el rendimiento económico del capital invertido.

En tales condiciones, cambia la finalidad de la actividad empresarial. En vez de mejorar el rendimiento productivo, se maximiza la eficiencia del capital; en cuyo caso, las empresas se asemejan cada vez más a unas instituciones financieras que también comercializan sus propios productos y la producción de bienes acaba siendo un instrumento para legitimar la circulación del capital.

Con la creciente mundialización, en vez de organizar la economía para atender las necesidades de la sociedad, la hemos organizado para conseguir el mayor rendimiento posible al capital circulante. En vez de mimar la economía real a través de la actividad productiva, hemos desarrollado y desregulado el sistema financiero.

*HEMOS CONFUNDIDO LA ECONOMÍA REAL*
*POR SU REPRESENTACIÓN VIRTUAL.*

La consecuencia de ese terrible error es que hemos provocado la crisis de todos los modelos representativos de la sociedad: instituciones financieras, representatividad política, modelos institucionales.

*NECESITAMOS RECUPERAR DOSIS EXTREMAS*
*DE REALISMO Y PRAGMATISMO.*

## *Regulación del mercado*

**El neocapitalismo ha enaltecido el papel instrumental del mercado hasta convertirlo en sujeto económico**

La idealización del mercado postula la convicción de que, en "condiciones perfectas[101]" es el sistema más apropiado para fijar el

---

101   Máximo número de ofertas y demandas, sin restricciones capaces de alterar el precio.

precio de las cosas, pero la perfección solo existe en la imaginación de las personas[102]. El mercado es un buen sistema para asignar el precio de los intercambios porque su valor es aceptado por ambas partes. Lo que importa no es el mercado, sino el recíproco acuerdo de utilizar ese instrumento para valorar bienes, recursos y servicios.

Las alteraciones de los precios son el primer indicador de que puede haber un desfase entre el proceso de producción y distribución de bienes. Se interviene sobre la economía cuando surge un exceso de oferta o de demanda.

> *El mercado es buen instrumento para regular precios de bienes y servicios pero, no puede suplir la regulación política de la economía*

Con la mundialización, el mercado eficiente selecciona el bien o servicio que pueda aportar el máximo beneficio a las empresas. En tales condiciones, las empresas se desentienden de la producción de bienes y servicios que no permitan maximizar sus beneficios comerciales. La competitividad que no pueda depender de prestaciones singularizadas, tiene que depender del precio del bien y de su accesibilidad.

La experiencia aportada por la mundialización nos indica que la eficiencia de los mercados acaba dependiendo de la información utilizada para la toma de decisiones. La extrema competitividad

> El libre mercado gestiona la sociedad, aplicando el dinero donde pueda producir mayor rentabilidad económica

reduce las alternativas y las oportunidades de una selección eficiente, teniendo que decidir entre bienes semejantes por razones ajenas a las prestaciones del bien o de los servicios adquiridos.

---

102  Los servicios comerciales de las empresas regulan la oferta para que el precio de venta se adecue a los márgenes comerciales previstos.

La competitividad internacional responde a necesidades consideradas universales, fomenta su necesidad y se desentiende de las necesidades singulares que deben ser satisfechas a través de producciones locales. Adicionalmente, ofrece bajos costes, fomenta la obsolescencia de productos tecnológicos e induce el consumo a partir de necesidades más idealizadas que reales.

La riqueza del mundo, acaba dependiendo de la producción de los países más competitivos. Los países desarrollados aportan tecnología, capital y elevado valor añadido y los países emergentes venden su trabajo a bajo coste, aplicando las técnicas, habilidades y conocimientos conseguidos por los países desarrollados.

El neocapitalismo está aplicando la lógica contraria a la que nos enseña la naturaleza. En vez de depender de los recursos producidos, nos hemos hecho dependientes de la voracidad del mayor depredador.

Los países que dependen del libre mercado, ya no tienen capacidad para producir los bienes necesarios para equilibrar su dependencia respecto a terceros países. El resultado es un creciente endeudamiento hasta límites que ponen de manifiesto la insostenibilidad del modelo.

En ese contexto, los "expertos" económicos y políticos aconsejan mejorar la productividad mediante una drástica reducción de los salarios y de prestaciones sociales para que su actividad económica sea competitiva, en condiciones equivalentes a la de los países emergentes. Pero estas propuestas no mejoran los resultados.

## *Regular la mundialización*

Aunque la mundialización sea responsable de muchos de los problemas que estamos sufriendo, también es una fuente de experiencias que tendremos que valorar para estar en las mejores condiciones de aprovechar sus posibilidades reales.

La mundialización fue una opción para garantizar la viabilidad económica de las empresas. El efecto secundario es el de que pone en cuestión el desarrollo de los países porque éstos, en vez de depender de sí mismos, acaban dependiendo de la producción mundializada.

*NO SE TRATA DE RENUNCIAR A LOS ASPECTOS POSITIVOS DE LA MUNDIALIZACIÓN, SINO DE REGULARLA PARA HACERLA COMPATIBLE CON LAS NECESIDADES DE CADA PAÍS.*

Para tal propósito, se hace necesario recuperar las ideas básicas que describen la razón de ser de una economía:

* Garantizar la disponibilidad de recursos para todos y cada uno de los países.

* Recuperar la soberanía económica de cada país, decidiendo sobre qué bienes producirá con sus recursos y cuáles deberán ser aportados por terceros países.

Para estar en condiciones de comprender los cambios que se están proponiendo desde estas páginas es necesario advertir y comprender que, todos los sistemas tienen sus limitaciones. Poco importa que hayan sido ideados por los seres humanos o reconocibles en la naturaleza. La regulación es consustancial con la razón de ser de los propios sistemas.

## Limitaciones del mercado

### Para el neocapitalismo, el mercado es el instrumento regulador de la economía

La economía clásica nos enseña que el mercado regula los flujos económicos a través de las decisiones particulares, pero

156 Josep Maria Triginer Fernández

el reto de cualquier político es el de estar en condiciones de aprovechar con eficiencia, los flujos económicos direccionados por el mercado. Esa percepción de la gestión económica es la que tenemos que conocer para estar en condiciones de gestionar la economía. Veamos lo que estamos haciendo en la actualidad:

- Cuando declinan los beneficios obtenidos en el propio país, los empresarios trasladan la actividad donde pueda conseguirse una mayor rentabilidad.

  No podemos responsabilizar al mercado de la localización productiva. El mercado se limita a valorar resultados

- Si la bolsa no ofrece rentabilidad suficiente, se invierte en inmuebles, deuda soberana o productos financieros.

- Si baja la rentabilidad de la economía real, los mercados especulan con alimentos o con el futuro del propio país.

- Cuando un país está en crisis, acuden los "buitres" para comprar a precio de saldo: viviendas, establecimientos, fábricas o cualquier otro bien de inapreciable interés para reconstruir el futuro.

No se trata de hacer valoraciones morales que no permiten resolver los problemas. Sucede así porque la sociedad ha legitimado la acumulación de capital a través del mercado. Por las mismas razones: *LA SOCIEDAD QUE LEGITIMÓ LA FORMA DE HACERSE RICOS*[103]*, PUEDE CONDICIONARLA A LA REGULACIÓN QUE PERMITA ATENDER EL INTERÉS GENERAL*

El derecho privado a hacerse ricos a través de la actividad empresarial, depende de la contribución aportada por tal actividad

---

103  Con la libre circulación de capitales, resulta fácil eludir el control fiscal y aquellos capitalistas que en otros tiempos eran promotores de riqueza, acaban convirtiéndose en parásitos para su propio país.

al conjunto de la sociedad. Aunque las empresas sean corporaciones supranacionales, las actividades de cada centro de trabajo se gestionan con criterios nacionales o locales. La regulación de las actividades y de los beneficios que puedan reportar, está intrínsecamente relacionada con la regulación del flujo de capitales.

## Economía sin crecimiento

### La cohesión de la sociedad ya no puede depender del crecimiento económico

La gestión de la economía clásica se basa en la regulación del mercado y en la incentivación inducida por la competitividad para mejorar la eficiencia empresarial. Ha sido un modelo eficiente hasta que la competitividad ha agotado sus posibilidades de inducir a las empresas, la apuesta por una mejor productividad.

Cuando la competitividad exige reducciones de coste que van más allá de las posibilidades de la técnica, se desincentiva la mejora productiva y se favorece la externalización de los costes de producción. Esa es la estrategia que hemos estado describiendo desde diversos puntos de vista, razón por la que es innecesario insistir sobre sus consecuencias.

La alternativa de la mundialización, supone el desarrollo de una nueva estructura mundializada basada en las ventajas comparativas de todos y cada uno de los países. Esa alternativa productiva permite aprovechar costes más bajos, favoreciendo a los consumidores que pueden comprar más bienes con menos dinero.

Lo que no se consigue con la mundialización es mantener el crecimiento de los países desarrollados gracias a la creciente demanda de los países emergentes. Tres son las razones por las que nuestro "crecimiento" no puede depender de la demanda exterior, porque:

• La mayor parte de las necesidades de los países emergentes acaba siendo satisfecha por su propia producción.

• Los países emergentes precisan dedicar crecientes recursos a su desarrollo y a su propia cohesión social.

• El rendimiento de su modelo de desarrollo también decrece.

Resumiendo: la estrategia de la mundialización de la actividad económica tiene sus límites, razón por la que todo nos conduce a la necesidad de afrontar una economía no dependiente del crecimiento económico. No se trata de rechazarlo, sino de advertir que no podemos depender de que surja el crecimiento por arte de magia.

## *Fugaz mundialización*

Al examinar el proceso histórico mantenido en los tradicionales países desarrollados, observamos que cualquier proceso productivo ha tenido que hacerse y deshacerse en múltiples ocasiones a lo largo de los 300 años de industrialización. La ventaja de los países emergentes es la de pueden utilizar las últimas técnicas y conseguir óptimos rendimientos gracias a la experiencia técnica y a los conocimientos aportados por los países desarrollados.

Esas son las condiciones que permiten valorar su desarrollo como fugaz: han podido producir y reproducir en unos pocos años lo que en los países desarrollados ha costado siglos de trabajo, de pruebas y experiencias que han supuesto un derroche de talento y de sacrificios.

Se ha cubierto la fase más facilona del desarrollo. La más difícil pero la única que aporta estabilidad a los países y a su respectiva sociedad es la que se refiere al desarrollo cultural. Esa es la asignatura pendiente que cada país tendrá que resolver por sí mismo.

La asignatura pendiente de los países desarrollados y la de Europa en particular es la de ser capaces de comprender que nuestro principal activo, no depende del desarrollo económico sino de nuestro desarrollo cultural, político y social.

El grave error cometido ha sido el de dejarnos seducir por el fulgurante desarrollo de los países emergentes. Se puede aprender de todas las experiencias, pero no hay motivos para envidiarles. El desarrollo afecta a todas las dimensiones habidas y por haber y cada país debe escoger su propia vía para que pueda ofrecer al mundo, lo mejor de sí mismo.

## Los errores de Occidente

### Las personas, la vida y la sociedad deben ser contempladas en su vertiente multidimensional

Resulta fácil comprender la existencia de varias dimensiones en la vida de las personas. Lo mismo sucede con la vida social, política, económica... Por las mismas razones, hemos tratado de gestionar la sociedad desde ese mismo punto de vista. El mundo real es multidimensional y el propósito de simplificarlo, acaba siendo la pérdida de muchas oportunidades.

Nos hemos dejado convencer de que, con dinero, podíamos acceder a todas las oportunidades de la vida. Ha sido el error, inducido por el poder económico para afianzar su poder, por encima de la política y de la soberanía popular. Con la crisis, el poder económico ha perdido su primera batalla, pero, mientras prevalezcan sus criterios ideológicos, hemos de advertir que la guerra por el Poder, todavía no ha terminado.

> *Se trata de decidir si el Poder reside en los mercados o en la soberanía popular*

La crisis ha supuesto la ruptura del contrato social que legitimó las relaciones ente Poder y sociedad, al anteponer los criterios económicos a las necesidades de los ciudadanos. La función social de la política no es otra que la de regular la interacción entre voluntad popular y las doctrinas económicas porque, el propósito de la política no es otro que la de gestionar el contrato social. No se trata de renunciar al contrato social sino de situarlo como parte de una estructura interdependiente que puede racionalizarse a través de la gestión sistémica.

Como quiera que en última instancia, son los beneficios económicos los que alimentan el Poder, cabe replantear un aspecto parcial del contrato social o democrático en los siguientes términos:

*CUANDO LAS EMPRESAS CONSIGUEN BENEFICIOS*
*QUE NO REDUNDAN EN RIQUEZA PARA LA SOCIEDAD,*
*ES RAZONABLE CUESTIONAR SU LEGITIMIDAD.*

Las variadas dimensiones de la crisis sistémica, son las que aconsejan cambiar la forma de gestionar el desarrollo de la sociedad. Esas son algunas de sus consecuencias:

- No se pueden gestionar los retos sistémicos cuando la supervivencia de los países dependa más de recursos ajenos que, de los propios recursos.

- Mientras la disponibilidad de recursos básicos dependa de la "mano invisible" de los mercados, se carece de la autoridad necesaria para afrontar los retos del Planeta común.

- Mientras el libre mercado regule el intercambio de recursos, su disponibilidad estará en manos de quienes puedan pagarlos.

- La competitividad mundial ha sido el modelo de explotación de los países desarrollados, sobre los países cuya riqueza se reduce a la disponibilidad de recursos naturales.

- Con dinero y conocimientos, pueden producirse los bienes que se quiera, mientras haya quien pueda comprarlos.

- En una economía mundializada de libre mercado, el dinero siempre gana.

- Los países más competitivos son los que han acumulado más liquidez.

- La riqueza de una nación depende de la eficiencia obtenida por sus activos sociales y por el valor añadido incorporado a los bienes que haya producido.

- Distintas culturas productivas, dan lugar a diferentes modelos productivos, con diferencias de rendimiento, especialización y valor agregado.

- Es una falacia[104] creer que puede haber países especializados en producir bienes y otros en vender servicios, porque la mayor parte de los servicios dependen de la producción y distribución de bienes.

- Es una ficción ideológica, la creencia de que todos los países pueden ser gestionados con las mismas doctrinas económicas.

- Mientras el desarrollo de unos países dependa del subdesarrollo de otros, no se puede confiar en la generosa voluntad de cambio de los países desarrollados.

- Cuando la riqueza de las naciones no dependa de la acumulación de capital, su acumulación no debería proporcionar mayor retribución[105] que la del ahorro privado.

---

104  Los iniciales criterios teóricos fueron promovidos por Alain Touraine y Daniel Bel al entorno del criterio sociológico de la sociedad post-industrial.

105  El beneficio atribuido al capital deriva de la gestión del riesgo, pero el único riesgo que una sociedad debería estar en condiciones de asumir es el que procede de la gestión empresarial.

- Sin crecimiento económico se puede minimizar el riesgo empresarial y, por tanto, la remuneración del capital.

- Es un derecho personal el disfrute de del valor atribuido al trabajo e innovación aportada por cada persona como consecuencia de su actividad social.

- Podemos prescindir de los ricos, pero necesitamos el Estado del bienestar para garantizar la cohesión de la sociedad.

- La solidaridad es la contribución gestionada por el Estado a partir de la contribución personal a la cohesión de la sociedad.

- Cuando la competitividad conduce a una estructura productiva mundializada, la nueva división internacional del trabajo se polariza entorno a países capaces de producir en términos competitivos y países que tienen que endeudarse para sobrevivir.

- Tan solo debería mundializarse la economía de libre mercado para bienes especializados o para recursos desigualmente repartidos en el Planeta.

## *Economía poscapitalista*

**Regula la interacción entre el sistema productivo
y la demanda de la sociedad**

Mientras sea verdad que la supervivencia de cada sociedad depende de lo produzca, la gestión económica dependerá de la gestión de los bienes producidos. En otras palabras, mientras el sistema productivo depende de la gestión de la producción, el sistema económico depende de la gestión de los bienes y recursos producidos.

**LA SOCIEDAD DECIDE LA PROPORCIÓN DE LA ECONOMÍA**
**QUE DEPENDEN DEL MERCADO INTERIOR Y LA QUE DEPENDE**
**DE LA COMPETITIVIDAD INTERNACIONAL.**

Desde el punto de vista sistémico, la economía se estructura en subsistemas, cada uno con su propia finalidad. En el momento actual podríamos considerar que las decisiones económicas podrían diferenciarse en relación con los siguientes propósitos.

• Bienes producidos para garantizar el abastecimiento de recursos básicos de la sociedad.

• Actividades organizadas para garantizar la cohesión social.

• Recursos destinados a sostener el interés general de la sociedad.

• Aportación del valor añadido necesario para cubrir la dependencia con otros países.

De la organización de tales actividades y de su eficiencia, depende la riqueza que cada país pueda atesorar y ésta es un fiel indicador del nivel de desarrollo alcanzado.

Organizar el sistema económico en función de las indicadas finalidades supone sustraer del mercado los recursos necesarios para atender el interés global de la sociedad y también afianzar la supremacía de la política sobre cualquier doctrina económica.

El desarrollo de cada uno de los indicados subsistemas económicos, requiere el desarrollo de su respectivo proyecto político. Se trata de proyectos interdependientes en los que debería afianzarse la complicidad[106] entre las iniciativas públicas y privadas, la progresividad de todos los procesos y la constante verificación de las actuaciones.

---

106  La complicidad tiene que ver con la recíproca disponibilidad de información económica relevante. La complicidad es inclusiva y nunca debe ser excluyente. No tiene nada que ver con subvenciones económicas.

# Sistema financiero

**Mientras persista el endeudamiento masivo,
no tendremos liquidez para el sistema económico**

El sistema financiero es el gran instrumento del sistema capitalista, acompasando el desarrollo de la economía real con la liquidez necesaria para que el mercado pueda gestionar la transferencia de bienes o servicios reales. Cuando el sistema financiero decide suplir los bienes reales por recursos virtuales, se acrecienta el endeudamiento o se suple por inflación o desvalorización de la moneda.

Cuando los Bancos Centrales inyectan liquidez en el sistema financiero evitan los efectos perversos de la recesión en los países que han alcanzado el suficiente nivel de desarrollo para mantener su autonomía productiva. En países dependientes del crédito exterior, la recesión acaba siendo inevitable.

La creencia de que puede reactivarse el crecimiento económico con una mayor liquidez virtual de los bancos es una falacia porque, el problema tiene que ver con la situación de la economía real. No hay bancos dispuestos a arriesgar su capital en momentos en los que el grado de incertidumbre es máximo. Hay personas, empresas y sociedades que pueden ser solventes, pero la insolvencia es de orden global y procede del generalizado endeudamiento.

## Responsabilidad política

El sistema capitalista, confió a las instituciones financieras la financiación de las inversiones necesarias para el crecimiento y la aportación de liquidez a aquellas empresas que gestionaran proyectos económicos fiables. Complementariamente, el Estado regula la intensidad del flujo económico virtual a través de la política monetaria. Es decir las instituciones financieras gestionaban el intercambio de bienes a través del dinero de sus clientes pero no producen valor ni aportan más recursos que los que necesita el sistema económico para atender las necesidades del conjunto de la sociedad.

Los beneficios de las instituciones financieras dependen del riesgo asumido en sus operaciones de crédito a empresas y particulares que son los que ahorran o producen bienes para la economía real. Por lo demás, el beneficio económico se asocia al crecimiento de la economía: cuanto más crecimiento, mayores son las necesidades de capital y más numerosas las operaciones de intermediación entre ahorradores e inversores.

Ese funcionamiento empezó a cambiar en 1987 con la liberalización[107] de los tipos de interés y de las comisiones aunque, el cambio cualitativo no tuvo lugar hasta la "reforma" financiera promovida[108] como consecuencia de la crisis de 1992. Esas fueron las reformas:

- Se potenciaron fondos de inversión y productos financieros para captar pasivo[109].

- Las instituciones financieras tuvieron que adaptarse a la creciente demanda de capital de los países emergentes.

---

107 Aunque la fecha se refiere a la liberalización en España, no hay diferencias sensibles con otros países.

108 Con unos intereses interbancarios muy bajos para incentivar la economía, se redujeron los créditos como consecuencia de la crisis y cayeron los beneficios de las instituciones financieras por lo que, se puso en marcha una estrategia para recuperar beneficios a partir de productos financieros que contribuyeron a la financiación de empresas en países menos desarrollados.

109 La guerra entre entidades financieras para captar pasivo se inicia en 1989.

- Se incumplieron los acuerdos[110] de Basilea I contrayendo riesgos[111] temerarios, confiando en que el riesgo podía ser cubierto gracias a seguros y a los activos de otras financieras.
- La entrada del euro aportó más solvencia a las economías de los países partícipes.

Las reformas introducidas en complicidad de las agencias de calificación de riesgos[112], cambiaron sustancialmente la función de las instituciones financieras, poniendo en circulación una masa monetaria superior a la necesaria para producir y gestionar bienes.

Contrariamente a lo previsible, el exceso de liquidez no se tradujo en inflación porque bajó el precio medio de la producción externalizada. Una demanda inducida por el "marketing" de bancos y cajas, condujo a un endeudamiento masivo y los reguladores llegaron a creer que podría absorberse gracias a la generalizada prosperidad y contando con el crecimiento inducido por otros países, desarrollados y emergentes.

## Más negocio, menos empresa

Los nuevos ejecutivos empezaron a valorar la actividad empresarial a corto plazo en relación con el rendimiento del capital, desentendiéndose de los activos empresariales, olvidando que:

---

110  El capital mínimo de la entidad bancaria debía ser del 8% de los activos de riesgo.

111  Siempre había la posibilidad de vender los activos tóxicos mezclados con otros activos para constituir un nuevo fondo de inversión al que se auguraba prometedoras expectativas.

112  Tres agencias de Nueva York, dominan el 90% del mercado de calificación de riesgo, contribuyendo a difundir los criterios ideológicos de "The Wall Street" en relación con la actualización del neoliberalismo.

- La finalidad de las instituciones financieras es la de gestionar dinero y riesgo.

- Las finalidad de las empresas es la de añadir valor a la actividad económica real.

Como consecuencia inmediata, algunos ejecutivos no dudaron en vender empresas[113] arraigadas para recuperar el capital invertido o el valor de los inmuebles; olvidando que los activos de una empresa son mucho más importantes que el valor de su capital y que su rentabilidad debe ser valorada a medio plazo.

Al margen de contingencias coyunturales el cambio de filosofía respecto al valor de una empresa fue un imperdonable error estratégico para cualquier economista y para los políticos que deben gestionar la riqueza de la sociedad pues, la riqueza de un país depende de su capacidad para añadir valor a la producción de sus empresas.

Esas fueron los graves errores cometidos con sus correspondientes responsabilidades:

- Se contrajeron responsabilidades ideológicas al desregular las actividades financieras, rompiendo la interdependencia entre actividad financiera y la producción económica.

- Hubo errores culturales del mundo financiero al desentenderse de una experiencia histórica en la que el éxito de las instituciones financieras[114] dependía del éxito de sus clientes.

- Se produjeron errores de percepción global de la realidad, al infravalorar la creciente reducción del rendimiento productivo, forzando a las empresas a externalizarse.

---

113  El problema de cerrar una empresa es el de que sus activos no se vuelven a recuperar
114  Cuando una empresa o institución financiera, antepone sus intereses al de sus clientes, se convierte en un riesgo para toda la sociedad.

- También se produjeron responsabilidades personales con decisiones de dudosa legalidad.

## Repercusiones de la crisis

**El dilema es el de discernir si la crisis se debe
a los errores del sistema financiero
o a la incapacidad para afrontar la crisis de 1993**

La mayoría de las instituciones financieras anotaron en sus balances, una valoración de activos[115] superior al precio real. Con el estancamiento económico, ha crecido la morosidad y se han desvalorizado los activos inmuebles. De aplicarse a los activos su valor neto realizable, algunos bancos considerados solventes, deberían declararse en quiebra.

Es un error político hacer depender la economía española de la salvación de las instituciones financieras. Esa política transmite el mensaje de que las instituciones financieras tienen más poder que el Estado y que sus dirigentes gozan de inmunidad absoluta.

Para que los directivos de las instituciones financieras asuman que gestionan un servicio de todos, tienen que sufrir las consecuencias de sus irresponsabilidades. En caso contrario, serán las instituciones públicas las que tengan que pagar la irresponsabilidad de los financieros. Por otra parte, la recapitalización de las instituciones financieras amenaza con ser de una magnitud superior a la reedición de la burbuja inmobiliaria.

*CON LA CRISIS, NUESTRO RETO NO DEPENDE DE LA DISPONIBILIDAD
DE GRANDES CAPITALES PARA FINANCIAR EL CRECIMIENTO ECONÓMICO,
SINO PARA RECUPERAR LA ACTIVIDAD DE LAS EMPRESAS*

---

115  Los activos son la garantía necesaria que las instituciones financieras deben acreditar, para conceder créditos a sus clientes. La proporción de activos respecto a los créditos concedidos debe ser siempre superior a la previsible morosidad.

*QUE TODAVÍA NO HAYAN CERRADO.*

Como consecuencia de una crisis propiciada por convicciones ideológicas sobre la economía, asistimos a una nueva fase, supuestamente diseñada para superarla, a partir de convicciones ideológicas todavía más perversas. Se exige a algunos países que financien errores financieros difundidos en todo el mundo, a costa de poner en peligro su cohesión social: reduciendo servicios públicos, subiendo impuestos a quienes menos tienen, haciendo inviable la negociación colectiva, tratando al trabajador como mercancía de bajo coste...

Lo peor es que se exige a los ciudadanos que carguemos con la responsabilidad de los errores cometidos por quienes estaban muy bien pagados por suponer que podían evitarlos. La ironía es la de que los responsables de la crisis han recibido un sobresueldo como consecuencia de su responsabilidad.

## Deuda financiera

Ahora resulta que los ciudadanos tenemos que pagar los errores producidos por la desregulación financiera y la codicia de sus ejecutivos. Cuestionar la eficiencia de las instituciones financieras equivale a cuestionar[116] la eficiencia del capitalismo. Más allá de tal valoración política, al dedicar nuestra atención hacia la valoración económica resulta que:

*SIN CRECIMIENTO NO PUEDE DEVOLVERSE LA DEUDA*
*Y CON EL PESO DE LA DEUDA NO PODREMOS FINANCIAR EL CRECIMIENTO.*

Hay quien sostiene la conveniencia de estimular la demanda desde el Banco Central Europeo, copiando la política llevada a cabo por la Reserva Federal de los EE.UU. Esa opción favorecería

---

116  Las instituciones financieras representan para el capitalismo, lo que representa el Estado para la política.

la demanda interna y supondría una devaluación del euro[117], pero los socios comunitarios más desarrollados, no están interesados en asumir ningún tipo de mutualización de la deuda pública, hasta tanto no haya una unificación política que pueda imponer una política común de gasto, porque creen que finalmente, acabaría siendo Alemania la que tendría que pagar el endeudamiento de los países que han gastado en exceso.

Mientras tanto, las políticas destinadas a la reducción de costes conducen a una recesión que está erosionando la capacidad económica y productiva. La síntesis del problema es que las políticas de mercado, no son suficientes para combatir la ausencia de crecimiento económico. En otras palabras: las recetas ideológicas no han producido los resultados que se esperaba.

*TAN SOLO PODREMOS AFRONTAR LOS PROBLEMAS QUE TENEMOS, CON SOLUCIONES HETERODOXAS.*

Lo más importante del endeudamiento es la rapidez de su crecimiento y el hecho de que se haya generalizado a casi todos los países del mundo. ¿De qué sirven las expectativas de los economistas, si cualquier intento de recuperación económica se traduce en mayor endeudamiento?

El problema de la eurozona no es distinto del que tienen los EEUU o Japón, pero la deuda en euros es soportada por países con excesivas diferencias en el nivel de desarrollo, con culturas ocasionalmente divergentes y con sistemas financieros que los gobiernos no pueden controlar, pero de los que tienen que responder.

## Consecuencias del endeudamiento

Una de las consecuencias del endeudamiento es que la devolución del principal más intereses, supone un constante drenaje de la

117  La devaluación del euro es una de las pocas políticas efectivas.

liquidez de los deudores públicos y privados. Las personas ocupadas reducen sus ingresos reales, las desocupadas quedan al borde del precipicio, afrontando la necesidad de poner fin a sus expectativas de futuro y de malvender o perder los activos que la familia haya acumulado a lo largo de generaciones. Seamos realistas: todos nos sentimos afectados o involucrados con excepción de quienes se enriquecen a costa de la miseria de sus conciudadanos.

La deuda soberana suele rondar en el equivalente al PIB anual de todo el país. Esa magnitud es tan desproporcionada que resulta imposible su devolución, con o sin crecimiento de la economía. Cuando las empresas afrontan una situación semejante, acaban declarándose en quiebra. Eso es lo que deberían hacer la mayoría de los países si no fuera porque todavía se sigue creyendo en la recuperación del crecimiento, pero, en la práctica, lo que se hace es prolongar la agonía de los países y fomentar las condiciones para que se produzca una sublevación popular como consecuencia de cualquier inesperado pretexto.

Las alternativas manejadas hasta la fecha, se basan en la experiencia de la Reserva Federal de los EEUU, semejante a la adoptada por el Japón y el Reino Unido. Consiste en inyectar la liquidez necesaria para mantener la actividad económica, evitando el hundimiento de sus empresas, al tiempo que se las ingenian para ayudar sin contemplaciones a las empresas que son consideradas estratégicas para el desarrollo de su país.

## El realismo político

La quiebra del sistema financiero ha servido para poner de manifiesto que es insostenible un sistema económico que dependa de los servicios. Esa política tan solo es viable en aquellos países o áreas comerciales que dependen de bajos impuestos, de la confidencialidad bancaria o del blanqueo de dinero. Utilizan la libre circulación de capitales propiciada para afianzar la mundialización de la economía para favorecer los beneficios empresariales a costa del endeudamiento de los países.

No basta con reformar el sistema financiero para resolver los problemas que ha creado. Si la reforma se hace con criterios del sistema capitalista, se mejorará la solvencia bancaria con la inyección de capital al sistema financiero, pero, mientras persista la crisis, la agonía de la sociedad civil supondrá un constante drenaje del ahorro y de su solvencia ¿De qué sirve mejorar la solvencia de los bancos si se empobrece la sociedad?

De nada sirve mejorar la capitalización de los bancos si no somos capaces de recuperar la actividad económica de la sociedad. Mientras las personas, físicas o jurídicas, cuenten con la capacidad de ahorro necesario para devolver sus créditos, su solvencia, en vez de depender de su capital, depende de la estabilidad de la economía.

> *La solvencia de las instituciones financieras no depende del Banco Central sino de la solvencia de sus clientes*

Ese es el nuevo paradigma financiero. Mientras el sistema capitalista se ha hecho dependiente de la compra-venta de activos, la sociedad poscapitalista se hará más dependiente de la solvencia personal y mancomunada.

## Gestión Financiera

En vez de gestionar del desarrollo de cualquier sociedad a través del dinero y de la competitividad mundializada, asumimos que la gestión de cada sociedad depende de la adaptación de las políticas al entorno geográfico, cultural y político de cada sociedad. Es decir, no hay un único modelo económico, ni un inequívoco modelo financiero.

La mínima adaptación necesaria para instituir un modelo financiero poscapitalista, pasa por la adaptación a dos tipos de actividades económicas:

- Las que gestionan riesgos decrecientes: recursos, actividades y servicios básicos, en complicidad con las instituciones públicas para garantizar la estabilidad de la sociedad.

- Las que gestionan riesgos y beneficios crecientes que dependerán del valor añadido que permita su competitividad.

Para tal propósito son necesarios dos tipos de instituciones financieras. Las que gestionan:

\* Créditos y pasivos para inversiones de riesgo, con sus consiguientes expectativas

\* Ahorros privados e inversiones de bajo riesgo.

## *Solvencia*

La fiabilidad de cualquier institución financiera depende del firme desarrollo de la sociedad donde lleva a cabo sus actividades. Si la institución es internacional, la solvencia acaba dependiendo de la solvencia de la moneda utilizada como referencia. Por importante que sea el capital de un banco, su futuro depende de cómo se comporte la economía de sus clientes.

La confianza de las instituciones financieras no depende de su calificación bancaria, sino del compromiso del Estado o Banco Central en relación con la garantía de sus depósitos y la estabilidad de la institución.

## Valoración económica

La percepción de la experiencia se basa en su valoración. La racionalidad permite gestionar un conjunto de *valoraciones* aportadas por la experiencia personal o social, convenientemente tipificadas y

> Nada tiene tanto valor como el propósito colectivo de alcanzar un objetivo común

organizadas. Se valoran las experiencias, el intercambio de bienes, la utilidad de ciertas habilidades y la actividad social, común u organizada. Complementariamente, cualquier valoración se hace depender de su pertinente punto de vista.

El intercambio de bienes valorado desde el punto de vista de la "necesidad" del bien intercambiado, se considera una actividad económica. El conjunto de experiencias ensayadas y verificadas por la actividad humana, desde el punto de vista económico constituyen la doctrina económica sometida a la lógica formal y a la voluntad política de extraer criterios generales a partir del conjunto de las experiencias parciales.

La evolución de la sociedad ha conducido a un capitalismo gestionado desde un Poder y dependiente del rendimiento del capital acumulado a través de los mercados. La propuesta alternativa pasa por valorar la eficiencia de la actividad social en vez de depender de los intercambios comerciales llevados a cabo.

Como quiera que no se trata de establecer un modelo alternativo sino una forma distinta de gestionar la sociedad, siguen siendo útiles las experiencias positivas aportadas por el sistema capitalista. Una de ellas tiene que ver con hacer depender las decisiones de los resultados.

*LA VALORACIÓN DE RESULTADOS*
*HA CONDUCIDO AL PRAGMATISMO EN CUALQUIER DECISIÓN.*

Entre las experiencias negativas cabe hacer depender los beneficios empresariales de la comercialización de los bienes producidos, minimizando sus prestaciones. Se trata de cambiar las prioridades políticas:

*EN VEZ DE DEPENDER DEL VALOR DE INTERCAMBIO,*
*PODEMOS ORGANIZAR LA SOCIEDAD EN FUNCIÓN DE LOS USOS*
*QUE ATRIBUYAMOS A LA ACTIVIDAD SOCIAL.*

## *Bienes raíces*

Desde el origen de la historia, la propiedad ha sido el derecho sustantivo por excelencia. En la gestión poscapitalista sería razonable sustituir el derecho sustantivo de la propiedad por un derecho de uso (titularidad) para evitar que se especule con activos ociosos y para facilitar el aprovechamiento de todos los recursos de la sociedad.

La concepción jurídica de la titularidad permite comprar y vender su uso a precio de mercado, mientras se mantenga su uso. Los eventuales cambios de uso deberán legitimarse a través de una recalificación, siendo de titularidad pública sus plusvalías o minusvalías. Los cambios de uso o calificación podrán decidirse o denunciados por cualquier Administración pública.

- El desuso[118] de la titularidad dará lugar a la pérdida de derechos.

- Los activos no pueden comercializarse ni considerarse como un valor añadido.

- Los beneficios aportados por los activos serán devengados por la vía de impuestos o tasas.

---

118  La Ley la establecerá las condiciones de desuso y el tiempo necesario para perder la titularidad.

La Ley podrá sustituir la propiedad por la titularidad en aquellos bienes cuyo valor dependa más de la aportación llevada a cabo por la sociedad que del interés privado en gestionarlo.

## Dinero

El dinero sirve para acreditar el valor atribuido a cualquier intercambio, pero no tiene más valor que el que representa. Cuando una persona deposita su dinero en un banco, éste remunera el ahorro. Cuando el banco deja dinero, los intereses representan el valor del riesgo asumido por la entidad financiera.

En tales condiciones, el Estado[119] garantiza el valor que el dinero puede representar, para evitar el equívoco de ser confundido con una mercancía. De tales criterios se deduce que, debería restringirse la circulación de capitales[120] que no puedan acreditar la representación atribuida a un bien o recurso. Su propósito finalista es el de evitar la especulación sobre el valor del dinero y la fuga de capitales.

## Libre circulación

### Es consecuencia del propósito ideológico
### de ensanchar los mercados

Ha sido promovida para favorecer el crecimiento económico a partir del mercado, ofreciendo condiciones que favorezcan nuevas actividades. La estrategia ha sido positiva, cuando se traducía

---

119  En el caso de la Eurozona son los Estados, mancomunadamente.
120  Las tradicionales restricciones para la circulación de capitales se establecen para operaciones superiores a 10.000 euros.

en el desarrollo de ambas partes, pero deja de serlo cuando el desarrollo de una parte conduce a la recesión para la otra.

- Bienvenidas las relaciones comerciales en las que se verifica el beneficio común.

- Vigilar las relaciones comerciales desiguales.

## *Alternativas*

**En vez de depender del dinero de los mercados, tendremos que depender del valor aportado por los recursos de nuestro sistema productivo**

Las instituciones financieras han sido diseñadas para financiar el desarrollo. Las necesidades de crédito que no puedan involucrar a las instituciones financieras, suponen un riesgo añadido que suele compensarse con exigencias garantías tales como: un aval adicional, vincular el crédito a pedidos firmes o bien a sólidos activos. Por lo general, las instituciones financieras no asumen más riesgos que los que estén dispuestos a asumir sus clientes.

El empresario que diseña su proyecto, asume riesgos si cuenta con una demanda previsible, pero no sucede así cuando se soporta una generalizada recesión. Es en tales casos cuando se imponen políticas de complicidad entre la Administración, las Instituciones financieras y las empresas dispuestas a desarrollar su proyecto. En vez de financiar el acceso a mercados potenciales, se puede potencia la riqueza de la sociedad, a partir de sus necesidades.

Con la complicidad se pretende atender necesidades básicas de la sociedad y requiere que haya instituciones financieras cuyo funcionamiento dependa de ese mismo interés global[121]. En vez de promover inversiones públicas de dudosa eficacia, debería promoverse la vertebración de la estructura básica de la sociedad con su territorio.

En líneas generales se trata de contar con una parte del sistema financiero que no dependa del mercado sino del aprovechamiento de los activos humanos y materiales de la sociedad. Se trata, por tanto, de un modelo financiero bastante más complejo y especializado que el que tenemos en la actualidad, exigiendo una readaptación de su papel y funciones.

Cuatro serían los espacios económicos que deberían ser atendidos por las nuevas instituciones financieras:

a) Servicios gestionados por las Administraciones públicas.

b) Producción de recursos y bienes básicos para la sociedad.

c) Producción y distribución de bienes por razones de proximidad.

El espacio económico desarrollado por el apartado a) depende de presupuestos públicos. El espacio económico del apartado b) debería proporcionar menos beneficios[122] al reducir el riesgo gracias a la complicidad del Estado[123].

El espacio económico del apartado c) seguirá dependiendo del mercado local y podrá contar con la complicidad de las administraciones territoriales.

La interdependencia con terceros países exige la presencia de un espacio económico que dependa del valor añadido y que pueda

---

121   Las instituciones nacionalizadas son las únicas que pueden depender del interés global de la sociedad.

122   El que las actividades públicas no dependen de la valoración del mercado no implica que carezcan de valor. El valor y la evolución de los resultados permiten conocer la eficiencia de cualquier actividad. El control de la eficiencia pública debe ser más exhaustivo que el de las actividades privadas

123   En esos casos, la Ley es la encargada de valorar lal calidad de las prestaciones.

producir los bienes necesarios para financiar el abastecimiento de aquellos recursos o bienes especializados que complemente nuestra actividad económica. Bajo un punto de vista financiero, tal espacio económico dependería de bancos especializados en la gestión del riesgo y el Estado deberá racionalizar los criterios y acuerdos comerciales que permitan reducir la dependencia exterior y gestionarla en términos de reciprocidad.

Para redefinir el sistema financiero hay varios aspectos que deberían formar parte de una reflexión sobre el actual funcionamiento de la sociedad:

- Los bancos deben limitarse a gestionar el ahorro privado que les haya sido confiado, siendo su capital la garantía para afrontar la posible morosidad de sus créditos.

- Los bancos centrales deberían ser los encargados de regular la circulación monetaria, según sean las necesidades del desarrollo.

- Sin crecimiento económico, los actuales sistemas financieros están sobredimensionados.

- La función financiera de los bancos es propia de servicios públicos. La propiedad privada tan solo está legitimada en los Bancos de Negocios, gestionando riesgos en sus operaciones de crédito.

- La tradicional valoración de riesgos no sirve en una economía en recesión.

- Menos coacción[124] en nombre de los ahorradores y más eficiencia en el crédito.

- La incertidumbre pesa mucho más que la confianza en el sistema.

---

124  Hay ahorros que el Estado debe garantizar y hay depósitos que asumen riesgos con mayores rendimientos, pero sin contar con la seguridad del Estado.

# V. De la teoría a la práctica

## De la sociedad neocapitalista a la gestión del Poscapitalismo

Considerando los cambios sugeridos para dar respuesta al reto de la crisis, se comprenderá que no estamos ante una crisis cíclica. Se trata de cambiar el modelo de sociedad y la forma de vivir. Se trata de asumir que la continuidad política y económica del pasado, nos conduce a un abismo que deberíamos intentar evitar. La sociedad puede ser cambiada o permanecer así indefinidamente pues, no hay futuros irremediables o predeterminados. La gestión de cualquier nuevo modelo de sociedad es consecuencia exclusiva de la voluntad política.

Los cambios políticos o conceptuales que en el pasado supusieron una redefinición del modelo de sociedad, exigieron siglos de experiencias y contradicciones. Eso es lo que sucede cuando no se dispone de un modelo global coherente. Se trata de un modelo lógico, que utiliza las experiencias del pasado como soporte del conocimiento que podría ser aplicado en una u otra dirección.

La transición que proponemos representa una síntesis entre la continuidad de la sociedad que tenemos y la posible innovación que deseamos. La poca o mucha progresividad no es cuestión de radicalismo, sino expresiva de la voluntad de aplicar el ritmo de cambios que permita salvaguardar las prioridades, sin renunciar a los objetivos consensuados.

> Las ideologías, los modelos de sociedad y las doctrinas económicas son instrumentos útiles para gestionar la evolución de la sociedad pero, no son verdades científicas

La experiencia histórica nos ha enseñado que la eficacia de un determinado modelo político no solo depende del diseño del modelo sino de cómo sea aplicado. Esa es la razón por la que hemos insistido en los aspectos que contribuyen a la eficiencia de la sociedad, con independencia del modelo que se esté aplicando.

Entre los aspectos subjetivos tenemos el arraigo de determinados valores, la difusión de algunas experiencias culturales vinculadas con la actividad económica y social, la aceptación de una moral colectiva adaptada al período histórico que se esté viviendo y el grado de responsabilidad con el que asumen las actividades sociales.

Al analizar la mayoría de los hábitos culturales descubrimos la interdependencia entre muchos de ellos. Sin sentimiento de pertenencia se ignora la noción de "causa" común, razón por la que las respuestas individuales son ajenas a conductas previsibles que puedan ser valoradas como "responsables". Es decir, la responsabilidad se expresa respecto a terceras personas con conductas adaptadas al interés común de la comunidad a la se pertenezca.

Las personas no se sienten partícipes de la comunidad prevista por la Ley, sino de la parte de sociedad donde cada persona crea pertenecer. Es la cuestión básica de cualquier política:

*ADAPTAR LAS LEYES A LA REALIDAD*
*EN VEZ DE ESPERAR QUE LA REALIDAD SE ADAPTE A LAS LEYES.*

## Compromiso político

**Empieza interpretando nuestra relación con la política
y terminan definiendo nuestra posición respecto a la misma**

Valoramos lo que sucede en nuestro entorno en relación con nosotros mismos y nos posicionamos respecto a las políticas llevadas a cabo en nuestra sociedad. Ese es el método que utiliza la sociedad para aprovechar su inteligencia colectiva.

Aprovechamos nuestra percepción subjetiva de cómo nos afectan las decisiones políticas. Interpretamos las afinidades que creemos compartir con otros ciudadanos. Identificamos los extremos de las posiciones que vamos observando y finalmente, nos situamos en el lugar donde nos sentimos mejor representados. Ese podría ser, en líneas generales, el método a través del que las personas se sienten identificadas por una u otra política.

POSIBLE DISYUNTIVA POSCAPITALISTA

La identidad política representa un sentimiento de adhesión hacia una determinada forma de hacer política y de gestionar el conjunto de la sociedad. Es parte importante de la cohesión social, pero deja de funcionar en momentos de crisis porque nadie puede sentirse identificado con las políticas que no funcionan.

*LAS CRISIS DEBEN AFRONTARSE CON ALTERNATIVAS CREÍBLES.*

Con la crisis, la atención de los ciudadanos pasa por hurgar entre las posibles alternativas porque las políticas tradicionales se han desacreditado y el método subjetivo por el que podíamos valorar su aplicación, carece de sentido práctico. Los ciudadanos están a la espera de alternativas políticas con las que pueda identificarse parte de la sociedad:

*HA LLEGADO EL MOMENTO DEL COMPROMISO POLÍTICO.*

El compromiso político es un estado de opinión en el que son tan importantes las valoraciones subjetivas como las propuestas racionales. Hay ocasiones en las que el compromiso no queda reducido a la opción entre una u otra alternativa, sino que la realidad nos exige pronunciarnos sobre disyuntivas mucho más diversificadas, aunque sea verdad que la opinión pública tienda a simplificar las disyuntivas.

Desde el punto de vista del ciudadano, cada persona afronta la necesidad de posicionarse sobre tres distintas alternativas, pero tales disyuntivas tienen que acabar siendo una decisión que afecte a todos los ciudadanos y que acabe resultando irreversible. Esa es la razón por la que, en una primera fase, en vez de gestionar disyuntivas, tendremos que gestionar un proceso que permite ser evaluado en términos de: Transición política, la flexibilidad en las organizaciones y sus modelos y heterodoxia en las decisiones.

## *Gestión del Poder*

### *El Poder se basa en la acumulación de recursos*

La tradición histórica pone de manifiesto que la política acaba siendo la forma de gestionar el Poder y eso es lo que está cambiando en la actualidad. La nueva política depende de cómo se sepa gestionar la sociedad, atendiendo la demanda de un mayor protagonismo por parte de los ciudadanos. Se trata de rediseñar el tradicional Contrato social que vincula la responsabilidad del Poder respecto a los compromisos contraídos con la sociedad.

Podemos considerar que se trata de una exigencia democrática que conduce a proporcionar mayor protagonismo a los ciudadanos o que se trata de reforzar el menguado Poder de las Instituciones. En cualquier caso se trata de una renovación sobre la forma de hacer política.

La reducción efectiva del Poder no solo se debe a la crítica del neoliberalismo sino que, afecta a la política cotidiana de cualquier país[125] como consecuencia del poder transferido a instituciones y empresas transnacionales y como consecuencia del creciente protagonismo de los mercados, legitimados para hacer valer sus prioridades políticas. Esa es una tendencia acentuada por la crisis y que conduce a la deslegitimación del Estado y del sistema político, provocando la subvaloración del interés general y la judicialización de las decisiones políticas.

> La crisis desestabiliza la balanza del poder, inclinándose a favor de los mercados, a costa del menosprecio de la decisión política

La deslegitimación del Poder no supone una deslegitimación de la función social del Estado, sino la subvaloración del Poder nacional[126] a favor del Poder atesorado por la Mundialización de las actividades. Con un poder nacional residual, se pierde la noción del Poder, restando la legitimidad coercitiva de la Ley.

Somos dependientes de un sistema democrático que fue instituido para legitimar un Poder menguante e incapaz de afrontar la crisis sistémica desde cualquier punto de vista. En tales condiciones, la democracia se reduce a gestionar una alternancia cargada de frustración y de crispación, donde las esencias ideológicas prevalecen sobre la racionalidad de las políticas.

El distanciamiento entre Poder y demanda social se basa en el insuficiente desarrollo de la cultura democrática. No son las

---

125  El que la sociedad civil sea capaz de derribar un Régimen, pasando por encima de los poderes del Estado, es algo que ya está sucediendo aunque, por ahora, debe considerarse más como un síntoma que una prueba elocuente de la transferencia de poder hacia la sociedad civil.

126  La gestión actual de la crisis ha sido transferida a los Bancos centrales de las principales zonas monetarias pero es difícilmente sostenible que puedan sacarnos de la crisis las mismas instituciones que la han provocado.

convicciones democráticas las que faltan sino las conductas inducidas por la cultura democrática[127].

Ante la crisis, se producen exigencias de la demanda social que desbordan la política tradicional y la capacidad de respuesta de las convicciones políticas del pasado. La opinión pública reclama que se le reconozca como sujeto activo porque el Poder ignora lo que sucede en la sociedad.

## *Política española*

### Diagnóstico para una crisis de Estado

Cualquier diagnóstico político pone de manifiesto la presencia de una crisis que afecta a las instituciones del Estado, a la representación política y a la gestión democrática. Tal como sucedía en el pasado, la representación política acaba siendo una cuestión de confianza, razón por la que la alternancia, en vez de optar por la mejor alternativa, acaba movilizándose contra la gestión del gobierno. Aunque en el diagnóstico puedan estar todos de acuerdo, surgen divergencias en la interpretación de las "causas" y en la prospección de sus consecuencias.

Una de las dificultades reside en la tradición histórica de suponer que la política se reduce al redactado de la pertinente ley: leyes reducidas a un desigual cumplimiento. Las leyes se limitan a regular hábitos culturales que en el mejor de los casos se suponen pero que, ni se pueden implantar ni se cultivan. El problema añadido es el de que los hábitos culturales adquiridos por la Civilización Occidental no se reducen a la democracia, aunque ésta sea parte sustantiva de

---

127  Cuando se interioriza la cultura democrática, los derechos y deberes acaban siendo el ejercicio de un hábito para cada ciudadano, superando los límites del reconocimiento teórico formal.

la organización de una sociedad que se supone dependiente de la libre iniciativa de la sociedad civil.

En España sigue perdurando una concepción paternalista de actividad social que da lugar a que la gente espere más de la familia y de las amistades que

> En cualquier transición siempre quedan problemas por resolver

de la obligación del Poder para establecer las condiciones en las que, cada persona pueda labrarse su futuro personal con la colaboración activa e interesada de otras personas. No hay uniformidad en las concepciones, ni tiene porque haberla. Lo que hay es una generalizada desconfianza en la propia capacidad para dirigir el futuro personal y colectivo.

Las leyes proclaman las libertades que deberían permitir el desarrollo de cada persona física o jurídica, pero la concepción tradicional de la política española da lugar a que tales libertades sean consideradas como un fin en sí mismas, tan solo limitadas por los derechos de terceros. El error político cometido por los impulsores de la democracia fue el de ignorar que la finalidad política de la democracia y de las libertades era el desarrollo de la sociedad civil[128], donde estuviera ausente.

No hemos desarrollado una sociedad civil española que pudiera sentirse autosuficiente, con un Estado que la representara. El desigual desarrollo de la sociedad

> El desarrollo de la sociedad civil es todavía la asignatura pendiente de los españoles

civil ha puesto de manifiesto la desigualdad entre el desarrollo de la sociedad civil catalana y el alcanzado en otras ciudades españolas. Desde Catalunya la vida política se interpreta, vive y siente de

---

128  No debe olvidarse que la Democracia surge como consecuencia de la necesidad de desarrollar la sociedad civil.

forma distinta a como se percibe en el resto de España. A los catalanes les resulta difícil aceptar que se gobierne España a partir de la discrecionalidad del Poder del Estado porque las decisiones del Gobierno del Estado, también les afectan a ellos.

El desarrollo de la sociedad depende de que el Estado y la sociedad civil, asuman la función que les corresponde en la organización de la sociedad. Las leyes regulan la interdependencia entre el interés público y el privado, siendo interés público todo cuanto tenga que ver con el interés general o con las garantías para el ejercicio de derechos y libertades ciudadanas.

*CUANTO MÁS DESARROLLADA Y COHESIONADA SEA LA SOCIEDAD, MAYOR SERÁ SU EFICIENCIA.*

La eficiencia de la sociedad no es una cuestión económica sino política, aunque tenga repercusiones económicas. La eficiencia de la sociedad afecta a la cohesión, al desarrollo de todos los aspectos de la vida cotidiana y acaba siendo el origen diferencial entre países que pueden proporcionar plena ocupación laboral a sus ciudadanos y los que no saben que variables macroeconómicas[129] deberían reformar para conseguirlo.

*PACTO CONSTITUCIONAL*

Crisis capitalista y crisis de Estado son una combinación explosiva que ha acabado minando la resistencia de nuestra cohesión política, hasta el extremo de sentirnos forzados a una reconsideración global de las instituciones del Estado para adaptarlas a la nueva realidad.

No se trata tanto de una reinterpretación de las posibilidades constitucionales como de que, tenemos necesidad de adaptar

---

129  Las variables macroeconómicas expresan la valoración atribuida a la economía real. La relación inversa es pura especulación economicista, basada en las experiencias de la época en que se producía crecimiento económico.

nuestra sociedad al momento en que vivimos y hacerlo con elevadas dosis de pragmatismo, aunque solo sea para gestionar la política, involucrando a los demócratas que valoren la oportunidad de desarrollar los activos comunes de la sociedad.

Los problemas de la sociedad española son los mismos que teníamos durante la Transición. La democracia ha permitido ensanchar las oportunidades en condiciones equivalentes a las que podían tenerse en otros países democráticos, pero no han conseguido una mejora del desarrollo de la sociedad porque se ha mantenido una consideración minimalista de la cultura, tradicionalmente asociada a la identidad colectiva y ésta dependiente del idioma y de las costumbres.

> Tan solo perviven las estructuras políticas que representan una realidad viva y deseable para todos los ciudadanos

En la mayoría de los países democráticos, el desarrollo de su cultura política ha sido cuestión de tiempo, acelerando el proceso gracias a la consciencia de saber cómo afecta a la política cotidiana. Necesitamos afianzar un desarrollo equivalente de la cultura política para contar con un nivel equivalente de cohesión de la sociedad y eso mismo debería suceder con respecto a los demás países europeos. Resumiendo:

- Las raíces culturales deben respetarse.
- La cultura política debe difundirse.

> No debe confundirse la gestión política con la legalidad

Esa fue la esencia del pacto constitucional alcanzado en 1978 y los dilemas posteriores tienen su origen en una interpretación particular e interesada de su contenido. Ese ha sido el error porque la Constitución fue y sigue siendo un Contrato político-social y su vigencia depende de la legitimación que le concedan las partes contractuales. Es decir, ninguna de las partes está legitimada para imponer su interpretación, aunque sea mayoritaria y tampoco puede hacerlo el Tribunal Constitucional, salvo que sea para dirimir diferencias que las partes asuman el veredicto del Tribunal.

El que la diversidad histórico-cultural sea ignorada o infravalorada, supone romper el Pacto constituyente e ignorar la importancia de la cultura política para el desarrollo de la sociedad. Nos equivocamos al creer que el desigual desarrollo era una cuestión económica que podía compensarse a través de la solidaridad económica.

Con la experiencia recogida en los últimos años cabe inferir que no se trata de financiar las autonomías, sino de crear las condiciones para que cada Comunidad pueda ser autónoma por sí misma, gracias a la organización y gestión de sus activos sociales.

> Los españoles pueden unirse para compartir un proyecto político común

En la futura organización territorial no se trata de transferir dinero a las Comunidades más necesitadas sino de ayudarles a dirigir su propio desarrollo. No son diferencias económicas las que legitiman la descentralización política sino la diversidad cultural que requiere políticas diferenciadas para maximizar el desarrollo de la cultura política y productiva, salvaguardando sus raíces culturales.

## *Eficiencia global*

### Tiene que ver con los activos intangibles y afecta al conjunto de la sociedad

La base material sobre la que se diseña un modelo de sociedad soporta la interactividad con otros modelos gracias a redes físicas de intercomunicación para la distribución eficiente de recursos, bienes y servicios. A su vez, la sociedad[130] acaba siendo el soporte desde donde se establece la interactividad entre núcleos urbanos, se especializan actividades y se deciden los emplazamientos de las instituciones públicas y privadas.

Su eficiencia global y particular representa la contribución neta a la riqueza de la sociedad, con independencia del modelo de sociedad utilizado para su gestión política, productiva, económica y logística. En diversos apartados de ese título, esbozaremos iniciativas y aspectos relevantes capaces de incidir en la eficiencia global de la sociedad, desde la crisis que estamos sufriendo:

- Políticas ejemplarizantes:

  * Anteponer el interés general de la sociedad a cualquier interés particular.

  * Quienes más tienen, más deben contribuir a los gastos comunes.

  * Restringir la circulación de capitales, controlar fiscalmente a las SICAV[131] y perseguir a los paraísos fiscales.

  * Mejorar la inspección fiscal de las actividades económicas.

  * No puede haber plusvalías sobre licencias o derechos administrativos.

  * Los delitos no deben prescribir y la justicia debe ser ejemplarizante.

---

130  La interactividad que se produce en una sociedad o respecto a otras sociedades utiliza a las personas para transferir información y conocimientos, independientemente del soporte utilizado por tales personas físicas.

131  Razonar diciendo que los interesados llevarán su dinero a otros países, es el pretexto que legítima la impunidad. La lucha política que tendremos que mantener será dura y al final se reducirá todo a una opción política: establecer la preeminencia del interés general o nos sometemos a intereses privados.

* El Estado debe poner los medios necesarios para evitar la impunidad del delito económico o de la apropiación indebida de bienes o derechos públicos.

- Moral colectiva:

  * Afrontar el equívoco de que los problemas se solucionan publicando leyes.

  * Asumir el principio de que se puede hacer todo aquello que la Ley no prohíba.

  * Hemos de aprender a distinguir entre opiniones y conocimientos.

  * Los valores no pueden suplirse por conceptos absolutos.

  * La complicidad presidirá la relación entre instituciones.

  * La dinámica social depende de la meritocracia y de la igualdad de oportunidades.

  * Nadie puede sentirse legitimado para condicionar el futuro de otra persona.

  * Establecer la obligación legal de publicar el patrimonio de los representantes políticos, sus incompatibilidades y la remuneración recibida por su actividad pública.

## *Aportación cultural*

**La eficiencia productiva depende del rendimiento del trabajo, la eficiencia global depende del desarrollo y difusión cultural**

Al examinar los primeros desarrollos culturales se observa una primera y clara distinción entre diferentes culturas. Por razones religiosas, los judíos tenían que saber leer desde hace dos mil años y los protestantes desde hace 500 años. Las consecuencias más prácticas fueron las de que todos los niños y niñas de origen judío o protestante aprendieron de sus padres y desde generaciones que tenían que afrontar su responsabilidad y realidad personal.

Durante la Transición todavía había un 70% de la población española adulta que era analfabeta funcional. Se ha hecho un gran esfuerzo para afrontar tal déficit cultural aunque, para muchos jóvenes la enseñanza se considera más como un castigo que como una oportunidad.

En España perviven dos corrosivas convicciones. La primera se debe a la Biblia, considerando el "trabajo como una maldición" y la segunda procede de la creencia de que "la propiedad es un derecho privado". La primera ha legitimado el desinterés por el trabajo, especialmente acusado en la nobleza castellana y la segunda ha permitido deducir que lo público no es de nadie, negándose a asumir que lo público es de todos.

*La cultura es el patrimonio colectivo de los pueblos, la base de su riqueza*

Esos son ejemplos de déficits culturales demasiado extendidos entre ciudadanos españoles, que forman parte de las raíces culturales desde hace siglos y que son el principal obstáculo para el desarrollo cultural de nuestro país. Subrayo la condición cultural porque afecta a los hábitos de las personas y a la experiencia acumulada desde muchas generaciones. Esa es la principal dificultad y la razón por la que no se puede ser condescendiente en tales materias porque nos acaba afectando a todos.

Hay otras aportaciones culturales de gran importancia, aunque históricamente sean más recientes y que proceden del desarrollo cultural surgido con la modernidad y que afectan al modelo de sociedad capitalista que conocemos.

## *Sociedad moderna*

### Afecta a la forma de razonar, a la forma de producir, de intercambiar, de sistematizar la obtención de información y de aplicar conocimientos

En los dos últimos siglos, los desarrollos culturales más importantes en el espacio político fueron: la democracia, los derechos civiles y el Estado del Bienestar. En el espacio social fueron la sustitución del trabajo físico por máquinas programadas e impulsadas por energía.

En los aspectos transversales de la actividad social constatamos una creciente acumulación de energía, complementada por una eficiente distribución para llevar la potencia del trabajo a donde fuere necesaria y una creciente acumulación de conocimientos al entorno del poder económico y de una desigual distribución de los mismos.

> *Cualquier desarrollo depende de la eficiencia que podamos obtener de la actividad humana*

Hemos aprendido a gestionar la información, transmitirla y aplicarla donde fuere necesaria. La fase actual del desarrollo cultural se basa en desarrollar sistemas y métodos que permitan obtener una mayor eficiencia de los conocimientos disponibles y de los que puedan emerger a través de la investigación técnica y científica.

Las empresas optimizan la aportación de bienes y servicios y el Poscapitalismo optimiza la eficiencia de las interacciones que se producen en la sociedad: entre empresas, territorios, culturas, educación, servicios públicos y redes de abastecimiento.

# Inclusión social

## Conjunto de métodos, servicios, actividades y convicciones que contribuyen a la cohesión de la sociedad

Poco importan las razones por las que cada persona pueda sentirse parte de la sociedad en la que vive o de las razones que la hacen sentirse excluida porque cada persona es distinta y la democracia le garantiza el derecho a serlo.

Aunque sea reconocido el derecho de cada persona a sentirse distinta, la política tradicional tratar como sujeto político al cuerpo social receptor de un generalizado sentimiento de pertenencia. Es decir, se identifica el sujeto político como "nación" para que se le pueda atribuir la representación de la soberanía popular. El problema reside en que:

*LA "NACIÓN" REPRESENTA UNA IDENTIDAD COLECTIVA*
*Y LA PERTENENCIA PUEDE SER AJENA A LA IDENTIDAD.*

La divergencia entre identidad colectiva y cohesión social se debe a que la identidad colectiva es excluyente y la cohesión social es mutuamente incluyente. La identidad colectiva utilizaba referentes culturales idealizados y la cohesión social se basa en la experiencia personal. La identidad colectiva se utilizaba en el siglo XIX para legitimar políticas, en ocasiones muy agresivas y la cohesión social se utiliza para verificar la gestión del Poder.

En la crisis de Estado, hemos terminado enclaustrados en el peor escenario posible: abierta confrontación entre nacionalismos, catalán y español. Por la vía de las "esencias" no hay solución posible. Es el Poder quien tiene que demostrar su capacidad de integración, simplemente por qué no se trata de una cuestión legal o de autoridad, sino de capacidad para integrar a todos los ciudadanos españoles.

## Gestión territorial

**Es el Proyecto político encargado de adaptar el desarrollo de la sociedad a la herencia cultural de cada lugar**

Por importantes que sean las afinidades culturales, no hay más afinidades colectivas que las que puedan definirse y delimitarse en términos políticos. La identidad es patrimonio de cada persona en particular: se vive y desarrolla a través de cada experiencia personal y cualquier propósito de representarla, acaba siendo un atentado contra los valores de la democracia.

*Las CCAA se han dedicado a prestar servicios públicos del Estado en vez de asumir el desarrollo de los activos de su Comunidad*

De la valoración de la solidaridad territorial y pese a los recursos movilizados, todavía hay mucho por hacer en políticas destinadas al desarrollo territorial. Extremadura, Andalucía, Castilla-La Marcha y Canarias son las Comunidades que más dificultades han tenido para aplicar los recursos recibidos al desarrollo de su sociedad. Esos serían los aspectos de la nueva política autonómica:

- En vez de diseñar una nueva organización territorial, se trata de poner de manifiesto que la nueva realidad, nos aconseja gestionar la sociedad desde el reconocimiento de su diferenciación cultural.

- En vez de descentralizar las funciones del estado, debe organizarse el territorio desde instituciones que puedan gestionar las complicidades entre los activos territoriales, las instituciones públicas o privadas y los servicios financieros.

- Se trata de responsabilizar a cada Comunidad del desarrollo de su territorio, contando con la complicidad solidaria del Estado. Del rendimiento obtenido, dependerá la legitimidad autonómica.

• Para reducir la presión financiera sobre las CCAA, las prestaciones de los servicios públicos deberían ser equivalentes para todos los ciudadanos, organizados y distribuidos con criterios equivalentes en todas las Comunidades y con financiación singularizada a cargo del Estado, aunque la gestión sea descentralizada, respetando los derechos culturales.

• La solidaridad procedente del Fondo de Compensación interterritorial sería aplicada a proyectos concretos y localizados, contando con un común sistema de evaluación y con la complicidad entre instituciones (públicas y privadas) para promover pequeñas y medianas empresas

El diseño de un escenario que se fije como objetivo la potenciación del desarrollo de los activos culturales, supondría aplicar los siguientes criterios:

* Solo se debería cambiar lo que no funciona

* Las infraestructuras no crean riqueza, aunque puedan contribuir a que la sociedad sea más eficiente

* Entre la Administración central y la local, tan solo cabe un nivel intermedio.

* Los niveles intermedios de la Administración pública deben autofinanciarse.

* La gestión territorial es responsabilidad de sus instituciones.

Cinco serían las políticas que deberían priorizarse en la actualidad:

* Desarrollo preferente de la economía real.

* Promoción de actividades empresariales relacionadas con recursos locales.

* Formación profesional especializada, incluyendo prácticas reales.

* Formación de emprendedores.
* Educación de la juventud en valores relacionados con la industrialización y la investigación aplicada.

## Sistema judicial

### La Justicia debería ser un servicio del Estado para sus ciudadanos

Tanto la Ley como el Derecho pretenden regular la conducta humana de acuerdo con la experiencia histórica. Se trata de un modelo racional que pretende guiar la experiencia de las personas a través de un supuesto "Derecho natural" que legitima la noción de "justicia" con criterios basados en la moral aplicada en el pasado.

La idealización de la "justicia" se ha trasladado al "Derecho" alejándolo de las necesidades de la sociedad. No se trata de impartir justicia, sino de dirimir conflictos y de hacer cumplir las leyes adaptadas al momento histórico que se esté viviendo. Es decir, no son las Leyes las que dirigen el rumbo de la historia sino la historia la que adapta las leyes a la evolución de la moral colectiva en cada época y lugar. Los tribunales dirimen los posibles conflictos entre las leyes y la conducta de las personas.

A menos que pretendamos un Derecho basado en buenos deseos, semejante al recopilado en lo que fue el Consejo de Indias[132], tendremos que hacer leyes que sirvan a las necesidades

---

132  Ordenamiento jurídico dictado por la Corona de Castilla para dirigir el funcionamiento de las Colonias junto con otros documentos e ilustraciones relacionadas con las relaciones de la Corona con las Indias. Está compuesto por unas 80 millones de páginas y su contenido pasó inadvertido por los súbditos de la Corona.

de la sociedad. Sería absurdo impulsar un nuevo ordenamiento jurídico: se trata de adaptarlo a la nueva realidad incorporando la preeminencia jurídica del interés general [133].

Más allá de las indicadas reflexiones, es importante reducir los procedimientos judiciales y acabar con la prescripción de los delitos para que, los ciudadanos puedan considerar la "justicia" como una institución al servicio de todos. Se trata de hacer cumplir la máxima de que todos somos iguales ante la Ley y terminar con la creencia de que las Leyes se han hecho para ser burladas por quien tiene dinero o poder para hacerlo.

## Propuestas económicas

La economía que conocemos acaba siendo la gestión del dinero disponible. Es decir, gestiona la riqueza producida, pero el dinero no puede producir riqueza sin mediar la organización política,

En vez de gestionar la valoración de los bienes económicos, tenemos que gestionar su producción y su emplazamiento territorial

productiva y social que pueda generarla. Asumiendo que la economía real debe crear riqueza, ésta podrá ser gestionada a través de criterios económicos[134] ya conocidos. Los que se cuestionan son los criterios de política económica que hacen depender el desarrollo de la gestión del capital, porque el capital se reduce a ser uno de los factores destinados a la producción estratégica de la sociedad.

No se trata de cuestionar la gestión del dinero, aspecto necesario en cualquier actividad que sea capaz de producir o gestionar riqueza. Se

---

133  La legislación actual considera los intereses privados tan legítimos como los intereses públicos. Esa concepción otorga excesiva impunidad al poder económico particular, razón por la que debe considerarse obsoleta. Las leyes podrá establecer las excepciones basadas en la recíproca complicidad.

134  Son como la contabilidad de la macroeconomía.

trata de asumir que la producción de riqueza es la resultante de una estrategia destinada a satisfacer algún tipo de necesidades, para lo cual debe desarrollarse un proyecto empresarial en el que, el capital sea uno de los factores que intervienen en el diseño y desarrollo del proyecto. El cambio introducido en el Poscapitalismo es que, para crear cualquier riqueza tendremos que aprovechar la organización de la sociedad y sus activos para maximizar el rendimiento del proyecto empresarial.

*NO PODEMOS VIVIR DE LA RIQUEZA GENERADA POR OTROS PAÍSES.*

## Eficiencia aplicada

**La eficiencia supone optimizar las posibilidades de la naturaleza para atender las necesidades de la sociedad**

La sociedad poscapitalista se basa en la necesidad de desarrollar la economía real porque de ella depende la posibilidad de producir riqueza estable. Se trata de asumir

La eficiencia supone optimizar el recorrido de cualquier proceso

que ha sido agotada la capacidad del capitalismo para aprovechar el rendimiento económico obtenido en la producción de bienes o servicios. Necesitamos aprovechar todas las posibles mejoras en la eficiencia de la actividad social.

Fijando nuestra atención en el proceso histórico utilizado por la sociedad occidental para mejorar la eficiencia de la sociedad, advertimos que ésta ha dependido de la eficiencia aplicada al rendimiento del trabajo incorporado al conjunto de las actividades humanas.

La actividad humana sobre la que pueden obtenerse una mejorable eficiencia, la reconocemos como "conocimiento[135]",

---

135  El conocimiento no puede confundirse con la información. El conocimiento se basa en la capacidad para diseñar el conjunto de interacciones de las que pueda conseguirse un resultado cualitativamente distinto al que conseguiríamos reproduciendo las interacciones ya conocidas y basadas en la evolución de la propia naturaleza.

entendido como capacidad para adaptar la información a los entornos que podamos diseñar para atender unos objetivos.

Teniendo en cuenta que la sociedad ya ha interiorizado la metodología que permite el desarrollo del conocimiento técnico y científico, resta dedicar atención a aquellos conocimientos que permiten gestionar la actividad humana y su interacción con las aportaciones de la actividad técnica y científica. Para interpretar el funcionamiento de la sociedad, debe tomarse en consideración que la sociedad evoluciona a un ritmo creciente y, si la sociedad evoluciona, también debe hacerlo su interpretación.

El conocimiento adquirido sobre el funcionamiento de la sociedad, depende de su interpretación y es ésta la que permite gestionar racionalmente la sociedad y sus actividades. La eficiencia del conocimiento político dependerá de la disponibilidad de modelos capaces de reproducir el comportamiento colectivo en relación con sus posibles variables.

En términos cognitivos, podríamos definir el ensayo que está Vd. consultando como una adaptación del conocimiento político tradicional a la evolución de la sociedad que conocemos, a principios del siglo XXI.

## *Fuentes de eficiencia*

### La eficiencia global ofrece más oportunidades que la eficiencia particular

Teniendo en cuenta la organización de la sociedad y valorando las políticas que pueden mejorar el rendimiento productivo, constatamos que las aportaciones del mercado o de orden financiero, acaban siendo reducidas y efímeras por importante que sea la confianza del capitalismo al criterio[136] ideológico original, por el que la riqueza de las naciones depende de los beneficios empresariales.

Una mayor eficiencia de la sociedad puede aportar mejoras en la producción de bienes y en la percepción de sus prestaciones. Se puede mejorar el rendimiento de las actividades económicas actuando sobre los aspectos subjetivos y culturales de las mismas y se puede mejorar el rendimiento global de la sociedad gracias a las sinergias producidas por la simbiosis entre la eficiencia pública y la privada.

Para comprender la importancia de las aportaciones globales, recordemos que en las contribuciones al crecimiento económico, es más importante la difusión hacia otras actividades de cada mejora técnica que, una fuerte mejora del rendimiento de una específica actividad, por importante que sea su importancia relativa.

En cualquier caso, lo importante es que estamos describiendo las consecuencias de un cambio de modelo económico: En vez de procurar una óptima eficiencia de la economía y de la producción, pretendemos una óptima eficiencia de la sociedad, siendo la economía y la producción, parte de los sistemas que configuran la gestión de la sociedad.

- El Estado establecerá por la vía del consenso, el tipo de bienes que la sociedad debe garantizar para sus ciudadanos.

- Las prestaciones de los servicios públicos garantizarán que todos los ciudadanos puedan disfrutar de oportunidades equivalentes.

- Los servicios atribuidos al Estado del Bienestar tendrán el propósito de garantizar la igualdad de derechos entre todos los ciudadanos.

---

136    Pudo ser verdad en los casos en que los beneficios empresariales revertían en la sociedad donde residía el emplazamiento de sus actividades.

- Los bienes y servicios destinados a satisfacer demandas particulares, podrán ser gestionados por empresas privadas, con criterios de mercado.

## *Gestión económica*

**No hay más riqueza que la producida por la sociedad, con sus propios activos**

El modelo económico aplicado por una sociedad depende de la importancia atribuida a los aspectos que intervienen en el proceso que va desde, la recolección de recursos hasta la disponibilidad del bien que llega a la sociedad en condiciones para ser adquirido por mediación de la actividad comercial.

> La innovación puede mejorar la eficiencia de la producción o la del bien que se está produciendo

La sociedad capitalista considera que la riqueza es el propósito de la producción y comercialización llevada a cabo en el indicado proceso y la sociedad poscapitalista considera que es la innovación el propósito de la actividad productiva y comercial.

El adoptar uno u otro modelo significa que, la sociedad ya no legitima el capital como fuente de riqueza de la sociedad sino que legitima el trabajo y la innovación. Eso supone el desarrollo de una economía en el que cualquier potencial empresario que disponga de un proyecto singular para afrontar cualquiera de las necesidades particulares de la sociedad, podrá recibir la colaboración de capitales privados, entidades financieras y la complicidad de otras empresas que, sin ser potencialmente competitivas, puedan colaborar para intercambiar[137] conocimientos, experiencias

---

137  Un modelo empresarial interdependiente puede ser tan sólido como una gran empresa, pero más flexible y adaptable a los cambios que puedan producirse en la sociedad.

y capacidades ociosas de producción. Las grandes empresas dependen de economías de escala que tan solo se justifican con la eficiencia productiva exigida o por la necesidad de atender desproporcionados gastos de investigación aplicada[138].

## Primeros retos

El principal problema de España nada tiene que ver con la competitividad de los salarios o de la contratación laboral. La cuestión relevante es que el endeudamiento privado es dos veces superior al PIB del país. Es decir, la mayor parte de las empresas están sobre endeudadas y se necesita un plan de choque para digerirla en condiciones razonables.

El segundo gran reto se debe a que un 25 % de nuestra economía depende del mercado exterior al tiempo que soportamos un 25% de trabajadores en paro. Es decir, no nos podemos permitir el lujo de mantener esa estructura productiva de la cual de deducen dos políticas de carácter estratégico;

• Sustituir importaciones por actividades propias a través de nuestros medios.

• Planificar a medio plazo nuestra capacidad de generación de recursos energéticos.

## Filosofía económica

**La eficiencia productiva reduce las necesidades de trabajo y reporta mayores beneficios empresariales**

Los beneficios pueden repartirse entre accionistas, a mejora de la solvencia y la innovación empresarial o bien a reparto

---

138  De ahí la necesidad de establecer una franca colaboración institucional entre servicios públicos y privados.

entre trabajadores y el Estado. En la práctica siempre hay una combinación de todas las posibilidades, pero no todos los países aplican la misma estrategia.

En momentos de crisis como el actual, lo prioritario pasa por garantizar la continuidad de la actividad empresarial en pequeñas y medianas empresas. Esa es la base sólida sobre la que se puede edificar una política de pleno empleo.

Los diferentes niveles de desarrollo dan lugar a situaciones que no pueden afrontarse con criterios únicos. No se puede hacer depender la economía de la competitividad cuando el problema *La óptima gestión de una sociedad depende del equilibrio entre cohesión y eficiencia* de la mayoría de las empresas es la de sobrevivir, afrontando su endeudamiento.

Las nuevas políticas deben adaptarse a las necesidades de cada sociedad y a los activos de cada país y territorio en particular. En sus aspectos globales esos serían los criterios:

- Cuanto mayor sea la dependencia exterior menor será la soberanía política

- La globalización no depende de una economía común sino de la capacidad para compartir experiencias, conocimientos, bienes y recursos

## *Reconversión productiva*

### El valor de una empresa depende de su aportación al conjunto de la sociedad

La obligación de cualquier Estado de garantizar los derechos efectivos de sus ciudadanos, va más allá de cualquier criterio ideológico o económico. Aunque la Ley sea intérprete de la moral colectiva, la gestión de la sociedad se hace dependiente de su propia supervivencia.

Aunque sea verdad que cualquier actividad productiva debe ser eficiente, su eficiencia debe expresarse en relación con un propósito colectivo. Puede serlo desde un punto de vista económico, político o global, legitimando cualquier actividad que pueda desarrollar la finalidad de uno o varios sistemas constitutivos de la estructura de la sociedad. Resumiendo:

- La finalidad del capitalismo es la de mejorar la eficiencia de cada inversión. Se trata de una finalidad funcional y objetiva.

- La finalidad poscapitalista es la de maximizar la eficiencia de cada actividad, respecto a e los sistemas con los que guarda relación. Es una finalidad tan objetiva como subjetiva.

## *Aprovechar la capacidad disponible*

La finalidad de la economía es la de permitir el aprovechamiento de los activos disponibles, con independencia de la finalidad que se atribuya a cada uno de ellos. Los más importantes son los elaborados por las empresas y que permiten incorporar valor a la actividad que sea fruto del conocimiento aportado por el trabajo. Los de mayor interés político[139] son los que permitan acumular valor al propio país a través de su estructura, cultura y voluntad política.

Más allá de los activos sociales, cada sociedad cuenta con los instrumentos de producción necesarios para añadir mayor

---

139 El balance político de cada empresa tiene activos vinculados al valor que aportan y pasivos dependientes de su coste social, medioambiental, político y administrativo. Para la empresa y la presión fiscal, importa el balance económico, pero, para el conjunto de la sociedad, interesa más el balance político.

productividad a la actividad de las personas. Los instrumentos de producción son activos del sistema económico y productivo.

Para una sociedad desarrollada, los activos sociales son los más importantes, costosos y difíciles de reemplazar. Para una sociedad capitalista, sucede lo contrario, los únicos activos que tienen interés para el sistema capitalista son los que tienen un coste económico directo para el empresario que necesita incorporarlos en su cadena de valor.

Con la crisis una de las prioridades es la de salvar a las empresas productivas que cuentan con su Know How y sus necesarios activos humanos. Desde el punto de vista de la capacidad para generar riqueza, es más fácil salvar una empresa[140] que hacer otra desde cero, aunque ese no sea la opinión de quienes consideran la empresa como un activo económico en el que importa más su patrimonio físico, que su organización productiva.

En el período de transición hacia un nuevo modelo de sociedad, sería recomendarle:

- Abandonar o posponer inversiones que no puedan recuperarse a través de su actividad.

- Reducir los gastos del Estado al mantenimiento de las infraestructuras eficientes en términos sociales o económicos.

- Mejorar los ingresos de recursos públicos a través de una reforma fiscal progresiva e igualatoria[141], persiguiendo el fraude y los tratos fiscales discriminatorios para legitimar medidas ejemplarizantes que contribuyan a recuperar la credibilidad perdida.

---

140  En su defecto, recuperar empresas fallidas que puedan tener futuro.

141  Se paga impuestos en función de la renta real percibida, sin distinción del origen o de finalidad en el gasto.

- Hacer todo lo posible para reducir la dependencia económica exterior.

- Aplicar sobre bienes procedentes de países no comunitarios un impuesto equivalente a la carga impositiva que la Administración deja de percibir por la externalización de la actividad productiva. Es una medida necesaria, para evitar el dumping fiscal y social.

- Un plan de renovación de viviendas[142], condicionado al aislamiento térmico y a la modernización de instalaciones y servicios interiores.

- Una reconversión empresarial, para compatibilizar la estabilidad de las empresas con la producción descentralizada o distribuida de procesos, aportando mayor capacidad de diversificación, gracias a redes de comunicación en tiempo real, a la disponibilidad de empresas de ingeniería especializadas y un racional sistema logístico.

## *Planes estratégicos*

**Son los que permiten vertebrar la actividad del conjunto de la sociedad**

En el sistema capitalista el Poder de un país y su estabilidad se hacía dependiente del capital acumulado en unas u otras actividades. En el sistema poscapitalista, la estabilidad de

Si la interacción cognitiva permite racionalizar nuestra percepción, la interacción física permite ensanchar nuestra experiencia

---

142 Se trata de revertir lo andado por el sector de la construcción. En vez de hacer viviendas para que sean un producto financiero, se diseñan pensando en quien tiene que utilizarlas a largo plazo.

una sociedad depende del conjunto de interacciones que unen a cada persona con el conjunto de la sociedad. Nos hemos referido al conjunto de interacciones que permiten que las personas puedan adoptar sus decisiones. También contamos con un conjunto de interacciones físicas que permiten a cada persona aprovechar tanto su presencia local como su conocimiento en términos globales o planetarios.

La definición y reforma de cualquier plan estratégico acaba siendo una cuestión de Estado que requiere un consenso entre las fuerzas políticas para que pueda representar el común denominador del interés general en cada uno de los Planes estratégicos.

Aunque sea razonable aprovechar la colaboración del Estado con empresas privadas, éstas no recibirán trato de favor en relación con la remuneración de su capital o sobre la carga de trabajo que les pueda ser confiada.

El propósito de los planes estratégicos es el de garantizar que la economía dependa de redes tan eficientes como sea posible a partir de las disponibilidades actuales de la técnica. Esos serían los que merecen una mayor atención:

- Plan administrativo nacional, recopilando las competencias políticas y administrativas a partir del respeto a la singularidad cultural y considerando las oportunidades de la tecnología actual para aprovechar economías de escala.

- Plan energético que permita programar la potencia instalada y su emplazamiento, contar con una común regulación de la red de Alta tensión y de la capacidad para atender las variaciones de la producción y de la demanda, difundiendo el uso de estaciones de bombeo para minimizar los costes de producción.

- Plan hidrológico nacional que permita aprovechar los recursos hídricos de cada cuenca, garantizando el mínimo técnico de los caudales.

- Plan logístico y de movilidad para minimizar el transporte por carretera y un plan para la movilidad de las personas, que suponga una creciente reducción del consumo en hidrocarburos.

  * Plan de telecomunicaciones y de cobertura eficiente de redes inalámbricas.

  * Plan de comunicaciones ferroviarias de mercancías con ancho europeo.

## *Sistema financiero español*

### Adaptarlo al posctapitalismo y especializalo

La reconversión del sistema financiero está costando muchísimo dinero, asumiendo los ciudadanos las responsabilidades contraídas por los banqueros. Por añadidura, no parece que se haya aprendido nada de la crisis financiera, desentendiéndose los bancos de sus responsabilidades respecto a la financiación de la actividad económica.

En una sociedad desarrollada, poscapitalista, no son las instituciones bancarias las que deberían financiar nuevas inversiones. Las nuevas inversiones deberían ser la continuidad de actividades económicas consolidadas o el resultado de proyectos asociados a emprendedores que puedan conseguir la complicidad de instituciones especializadas.

En tales condiciones, la actividad financiera debería desglosarse en dos tipos de instituciones bancarias:

- Bancos sistémicos, especializados en operaciones con riesgo[143] y que, ninguna Institución pública española o europea, deberá sentirse obligada a acudir a su rescate o de garantizar los depósitos de sus clientes.

- Bancos comerciales, especializados en gestionar el ahorro de los ciudadanos para aplicarlo a la financiación de empresas locales estabilizadas a través de relaciones interdependientes con otras empresas e instituciones complementarias.

La figura del banco comercial es el de una institución financiera comprometida con el desarrollo de su país o comunidad que gestionan el ahorro de las personas e instituciones con los que guarden una relación de interdependencia.

Se trata de instituir y promover instituciones públicas especializadas en gestionar el ahorro para que éste pueda contribuir al desarrollo de la comunidad, con el mínimo riesgo y, por tanto, con el mínimo coste financiero. Lo que no puede ser un banco comercial es una especie de bazar especializado en la compra-venta de productos financieros.

## La gestión financiera

El coste de la estructura financiera española se financiaba con el valor añadido a las operaciones de crédito, equivalente a dos puntos porcentuales de interés. Si consideramos dos puntos porcentuales adicionales para financiar el riesgo, tan solo podrían financiarse aquellas inversiones que supusieran una mejora adicional del 5% del rendimiento económico. Estamos ante una lógica matemática

---

143 Cuando la gestión económica es regulada por el mercado, la regulación bancaria depende de la gestión del riesgo de las operaciones internacionales. En una sociedad poscapitalista, el riesgo expresado en términos globales depende del riesgo de la sociedad donde ejerza sus actividades.

insostenible que se ha mantenido gracias al crecimiento de la economía y a la adaptación de precios, parcialmente atribuidos al valor añadido. Una vez agotado dicho crecimiento, el modelo bancario  actual es insostenible, por lo que solo resta afrontar la transición, con la liquidación pactada de la deuda pública y privada. Mientras:

* Reducir la estructura financiera para afrontar la crisis.

* Vincular los bancos al desarrollo del propio país.

* Que el riesgo financiero sea exclusivamente imputable a los Bancos.

* Que el sistema bancario funcione como servicio público.

* Asumir que la gestión productiva es más compleja que la gestión financiera.

* Que la responsabilidad de los abales o de las garantías hipotecarias quedan limitadas al valor pendiente del principal. El límite de la responsabilidad económica queda limitada al valor de las garantías aceptadas por el Banco en el momento que fue cerrada la operación de crédito.

Será difícil recuperar la confianza en los bancos para que éstos puedan adaptarse a una economía sin crecimiento sostenido. Lo único que los mantiene, es la falta de convicción en alguna alternativa fiable a una crisis que ya empieza a durar demasiado.

## Cambiar la sociedad

**Sustituir una sociedad basada en la gestión del dinero por una sociedad dependiente de la voluntad política de los ciudadanos**

Los ideólogos del capitalismo divulgaron la creencia de que la fuente de cualquier riqueza se basaba en la disponibilidad de capital, pero, cuando las entidades financieras llevaron tal convicción a sus últimas consecuencias, acabamos comprendiendo que la abundancia de crédito[144], en vez de crear más riqueza, se traducía en mayores deudas y que tras la abundancia devenía la escasez, el paro, la pobreza, la desesperanza y desigualdades inimaginables.

No hay nada extraño en lo sucedido. Hemos vivido en una sociedad basada en la acumulación de dinero y eso es lo que tenemos: los ricos lo son más cada día a costa de quienes menos tienen. El cambio producido con la mundialización es que la desigualdad en la distribución de la riqueza, no solo se ensancha entre grupos sociales sino que se acentúa entre países. Esa es la consecuencia de una crisis que ha venido para quedarse, a menos que estemos dispuestos a cambiar la sociedad, desde sus propias raíces.

Se trata de ver e interpretar la actividad productiva de forma distinta. Aunque la actividad sea la misma, caben distintas interpretaciones y de éstas dependen las políticas que al respecto pueden adoptarse:

- Inversión aplicada.

- Aportación de conocimiento.

Cualquier cambio político se basa en las experiencias del pasado

Ambas afirmaciones pueden igualmente verificarse pero es muy distinta la sociedad que, se basa en potenciar el capital necesario para las inversiones o que, potencia el conocimiento aportado por el trabajo cualificado. Lo razonable hubiese sido que ambas interpretaciones formaran parte del acervo económico, pero vivimos una sociedad en la que la doctrina económica es tratada como un conjunto unívoco de creencias sobre la actividad económica.

*Necesitamos un modelo de sociedad en el que la riqueza dependa del trabajo aportado en la producción de bienes.*

---

144   Nos referimos a dinero virtual, ajeno a la representación del valor real producido por la actividad económica.

Lo necesitamos porque la crisis ha puesto de manifiesto que no bastan nuevas inversiones para crear riqueza. Se puede mejorar la competitividad para vender en el extranjero pero ésta no se traduce en mayor riqueza y, lo más importante, no contribuye a desarrollar la cohesión de nuestra sociedad pues, no debe olvidarse que la economía es un instrumento de la sociedad para gestionar su actividad.

Cuando la actividad social se ralentiza hasta el extremo que tiende a cero, no queda más alternativa que cambiar la estrategia productiva. La estrategia capitalista se basa en crear las condiciones para que puedan implantarse negocios. La estrategia es similar a la que en el pasado diseñaron algunos pueblos para instituir la agricultura: crear las condiciones para que puedan crecer las plantas que ofrecía la naturaleza.

La nueva estrategia consiste en mejorar el rendimiento de todos y cada uno de los procesos con el propósito común de mejorar la eficiencia global. Eso es lo que hemos estado haciendo en la agricultura y lo que también puede hacerse en la sociedad, asumiendo que la sociedad tiene mayores incertidumbres como consecuencia de su propia evolución. La primera incógnita para el desarrollo de tal estrategia es la de decidir si mejoraremos la eficiencia en relación con los intereses del Poder, supuestamente representativo del interés general, o si lo haremos en relación a alguna o algunas necesidades del conjunto de la sociedad.

## Riqueza y Poder

### El Poder se alimenta del crecimiento económico

La política tradicional ha definido la política como la forma de gestionar el Poder. En unos casos a partir de sus intereses y en otros, a partir de la interpretación de unos valores. Complementariamente, la democracia ha desarrollado un modelo de convivencia que permite regular la alternancia en el poder, optando cada ciudadano entre las opciones que mejor pudieran representar sus convicciones o posicionándose contra la gestión del gobierno saliente.

La experiencia histórica nos enseña que el Poder debe estar en condiciones de garantizar: el cumplimiento de las leyes, los derechos y libertades, la integridad territorial, el derecho de propiedad, los servicios públicos, la estabilidad social y la integridad de sus fronteras...

No vale la pena cambiar o revisar las actividades e instituciones que funcionen

En tales condiciones, cualquier modelo de sociedad que pretenda instituirse como alternativa política debe contar con la estrategia que permita garantizar la estabilidad de la sociedad en todos y cada uno de los supuestos ya comentados.

Cualquier modelo de sociedad que se postule como alternativo debe empezar por definir la forma de gestionar la política, pues de ella depende la organización de cualquier sociedad. Si el modelo capitalista definía la política como la gestión del Poder[145], el modelo poscapitalista define la política como la gestión de la sociedad.

El primer cambio conceptual surge a partir de la definición atribuida a la política. Para el poscapitalismo, la política se define como capacidad para gestionar la sociedad. En la sociedad capitalista se asignan recursos en función de la escala de valores del Poder y en la sociedad poscapitalista se organiza la sociedad con criterios múltiples de eficiencia global.

---

145 En ese modelo, el Poder decide la asignación de recursos de acuerdo con los intereses que representa y promueve las normas de convivencia social que mejor se ajusten a su ideario político.

En la sociedad capitalista se gestionan los recursos económicos disponibles y en la sociedad poscapitalista se decide sobre el rumbo que la sociedad debe emprender. En el capitalismo se gestiona la sociedad que se tiene y en el poscapitalismo se deciden las características de la sociedad que desean y necesitan los ciudadanos.

## *La estabilidad social*

En la historia política de cada uno de los países, el Poder ha depositado en las "fuerzas del orden", la responsabilidad de garantizar la paz social porque se considera la sociedad como una organización piramidal en la que unos mandan y otros obedecen. En la sociedad poscapitalista son los ciudadanos quienes deciden y las Instituciones las que aplican e instrumentalizan las decisiones.

Para que funcione el modelo poscapitalista, en los términos indicados en el párrafo anterior, se hace necesario que sea la sociedad la que garantice su estabilidad, la que en el capitalismo era confiada a la capacidad coercitiva del Poder.

Interdependencias

El Estado seguirá ejerciendo el Poder que le haya sido confiado por la sociedad pero lo ejercerá sobre una sociedad que contará con sus propios instrumentos de cohesión y de estabilidad, restando para el Estado la función última de intervenir en supuestos en los que tenga que hacerse valer la primacía del interés general.

Para conseguirlo, la sociedad se instituye como un conjunto de redes interrelacionadas, que forman la trama y la urdimbre del tejido social. Son varias las redes que garantizan la interdependencia entre empresas e instituciones para aprovechar las sinergias que puedan establecerse entre ellas.

El mercado seguirá garantizando la competitividad[146] de bienes y servicios producidos por la sociedad, pero la decisión de cerrar o abrir cualquier empresa no dependerá del mercado, prevaleciendo siempre el criterio de anteponer el interés general.

## *Riqueza efectiva*

Como consecuencia de la mundialización económica ya no se verifica el principio tradicional del capitalismo, de cuya virtud se sostenía que la riqueza de un país dependía de los beneficios obtenidos por las empresas. En la sociedad poscapitalista tan solo se verifica que:

LA RIQUEZA DE UN PAÍS DEPENDE DE LO QUE PUEDA PRODUCIR PARA ATENDER SUS NECESIDADES.

Son necesidades propias, los bienes o servicios producidos para nivelar la balanza comercial.

El criterio poscapitalista que se sustenta la necesidad de aplicar límites a la producción de riqueza se debe a que la riqueza de un país no puede depender de la pobreza de otros.

Las posibilidades de contar con un mayor desarrollo y una mayor proporción de riqueza deben conseguirse a través de una mejora de la eficiencia aplicada a la producción y gestión de bienes. Se trata de mejorar la eficiencia de la producción particular, pero también se trata de mejorar la eficiencia del conjunto de la sociedad y de sus activos.

---

146  La competitividad se llevará a cabo en condiciones equiparables de precio, calidad y prestaciones.

## Creciente complejidad

### Los valores aplicados y la selección del mercado ya no son suficientes para gestionar la sociedad

El origen de la crisis se debe a la imposibilidad de gestionar la creciente complejidad de la sociedad y de sus instituciones. Aunque los métodos utilizados para la gestión dependieran de estimaciones indirectas, su flexibilidad no podía encubrir la aparición de retos racionales que debían ser afrontados.

La primera irresoluble complejidad surge dela incapacidad del mercado para gestionar el rendimiento productivo de una sociedad; porque el mercado es un sistema regulador que no tiene límites y el rendimiento productivo los tiene por definición.

> Cualquier decisión política se basa en una interpretación de lo que está sucediendo en la política real

Aunque el mercado pretenda gestionar una economía mundial, el rendimiento productivo sigue teniendo límites y éstos se ponen de manifiesto colapsando el crecimiento de la economía. En tales condiciones, llevar la dependencia exterior más allá del acceso a los bienes que una sociedad no pueda producir, acaba siendo una quimera ideológica.

Otra de las complejidades que el capitalismo no ha sabido afrontar es la evolución de los comportamientos colectivos. Si la sociedad evoluciona, también debería hacerlo su interpretación. Varias son las consecuencias que se derivan de tal disfuncionalidad:

- Seguimos empeñados en que debe haber una ideología universal, como si el comportamiento del Mundo fuese inequívoco, cuando lo normal es la diversidad.

- Hemos desautorizado las ideologías políticas sin contar con un discurso que se capaz de dar racionalidad a lo que está sucediendo.

- Se sigue creyendo en la ideología neoliberal, pese a su manifiesta responsabilidad en todo cuanto está sucediendo.

Otra de las complejidades que hemos de afrontar, se debe a que razonamos en política y en economía con la racionalidad del siglo XIX. Las respuestas individuales y colectivas de las personas no pueden explicarse con la lógica del "estímulo-respuesta" o con un encadenado de "causas-efectos" porque acaban siendo condicionadas por una experiencia[147].

Necesitamos un modelo lógico que, en vez de reproducir las experiencias del pasado, pueda diseñar el futuro a partir de las necesidades de cada sociedad organizada. Ese es el modelo de gestión sistémico[148], encargado de conducir la evolución de la sociedad en términos globales. En tales condiciones, se conceptúa la sociedad como un sistema formado por una estructura de otros sistemas o subsistemas.

## *Actitud conceptual*

La confusión entre opinión y conocimiento es otra de las dificultades para comprender la magnitud del reto con el que nos estamos enfrentando. Con el capitalismo, hemos exigido de los políticos que sean representativos de la sensibilidad de sus

---

147  Gracias a la capacidad para aprender de la experiencia personal y colectiva, podemos adaptar las respuestas y dar lugar a una evolución que no se explica a través de los modelos racionales basados en la causa-efecto.

148  La racionalidad sistémica se basa en el uso y aplicación de criterios tales como: interactividad, interdependencia, interacción, cibernética y Teoría General de Sistemas.

representados. Con el poscapitalismo, esa representatividad ya no es suficiente: les exigimos que aporten soluciones a los problemas que van surgiendo.

Como quiera que no se le puede exigir a cada persona que distinga entre opinión y conocimiento, deberá exigirse de la sociedad que puedan otorgar notoriedad o autoridad a quienes estén en condiciones de hacerlo. Esa es una cuestión socialmente muy relevante.

- Esa ha sido la evolución social de la notoriedad, según haya sido el modelo de sociedad:

- En la Antigüedad se atribuía notoriedad al Poder.

- En la Edad media, la notoriedad dependía del linaje.

- En el capitalismo, la notoriedad depende de la riqueza.

- En el poscapitalismo, la notoriedad depende del conocimiento y de la innovación.

Lo que no podemos aventurar es cómo la sociedad va a exteriorizar el reconocimiento de la notoriedad, aunque debería depender de los méritos adquiridos en el desarrollo colectivo de la sociedad a la que se pertenece.

## Gestión de la sociedad

El sistema capitalista gestiona la sociedad a partir de las decisiones particulares adoptadas por cada persona física o jurídica, dando por supuesto que la suma de decisiones particulares equivale a su resultante global, pero la filosofía y la experiencia histórica se han encargado de demostrar la falsedad de tal hipótesis.

Para evaluar el propósito de cualquier sociedad cabe tener en cuenta la necesidad de garantizar su supervivencia. La disyuntiva reside en decidir con qué estrategia político-económica se podrá garantizarse mejor la supervivencia del conjunto de

La eficiencia de cualquier actividad depende tanto de la producción de bienes como del entorno social y cultural en que se producen

la sociedad. La estrategia capitalista se basa en la expansión del mercado y la estrategia poscapitalista se basa en la aplicación de los conocimientos técnicos y científicos para aprovechar los recursos humanos y materiales de cada sociedad.

La estrategia capitalista era razonable cuando se trataba de favorecer el crecimiento económico a través de la difusión de la técnica, pero la presencia de los distintos niveles de desarrollo económico no se debe a los déficits de la técnica, razón por la que puede asumirse que tienen su origen en las diferencias entre distintas experiencias culturales. Para que una sociedad pueda afrontar su relativo desfase cultural, deberían identificarse los tipos de experiencia colectiva que no hayan sido asimilados en igualdad de condiciones que los países más desarrollados. Se trata de promover las condiciones en las que puedan valorarse y experimentarse aquellos hábitos culturales que hicieron posible el desarrollo civil y técnico de los países que promovieron la modernidad y la industrialización a partir del siglo XIX. Resumiendo:

El conjunto de la sociedad incluye activos humanos, culturales[149], económicos y geográficos, cuya eficiencia debe desarrollarse para contar con un entorno productivo similar al de los países más desarrollados para que pueda ser efectivo el principio por el que

---

149  Son hábitos culturales que afectan al desarrollo de la sociedad, en aspectos civiles, conceptuales y productivos.

todos los ciudadanos deben contar con oportunidades semejantes a las de sus vecinos más desarrollados.

Para diferenciar la experiencia cultural de la asimilación de conocimientos, cabe subrayar que los hábitos culturales dependen de la experiencia y se gestionan de forma inconsciente, aspecto distinto de los conocimientos que, basta con comprenderlos para estar en condiciones de aplicarlos de forma consciente.

## *Desarrollo global*

**La gestión global pretende mejorar la eficiencia de la sociedad acudiendo al desarrollo cultural y a la eficiencia de las decisiones políticas**

El que una sociedad tenga el 26% de desempleo y el 25% de economía sumergida, significa que mantiene improductiva un 30% de su actividad y que sus ciudadanos sufren un 30% de presión fiscal superior a la requerida para financiar los servicios del Estado. Si tal valoración afectara a una empresa, ésta debería declararse en quiebra.

La responsabilidad ideológica se debe a que las medidas recomendadas por la ortodoxia económica, no solo no resuelven el problema sino que lo agravan. La cuestión es simple, por mucha competitividad que se gane con políticas de austeridad, ésta beneficia a unas pocas empresas y sigue sin afrontarse la necesaria difusión territorial, funcional y sectorial de la eficiencia económica.

No hay dificultades técnicas ni económicas que puedan impedir la adopción de una estrategia económica basada en el desarrollo de la sociedad

La insuficiencia del desarrollo, ha sido detectada en las fases del desarrollo económico, cultivando la esperanza de que éste conduciría a la igualación de los niveles. Tras la crisis se ha constatado que, por muy importante que sea la difusión de la técnica, algunas diferencias en la experiencia cultural marcan distintos niveles de eficiencia en la cultura civil y productiva. Son diferencias que los interesados puedan proclamar como legítimas, en la medida que forman parte de su acervo cultural.

Para el Poscapitalismo, el desarrollo de la sociedad tiene su vertiente económica que afecta a la disponibilidad de riqueza y a su distribución, pero también tiene su vertiente política que depende de la cohesión social y esta del empleo, de servicios públicos accesibles para los ciudadanos y de la distribución territorial de la actividad productiva en recursos, bienes o servicios.

La consecuencia ideológica de nueva estrategia productiva adaptada a cada sociedad es la de que no puede haber una misma ideología económica para gestionar países diferentes, pues las diferencias entre ellos acaban exigiendo que:

*LAS POLÍTICAS REGULADORAS DE LA POLÍTICA REAL,*
*TIENEN QUE ADAPTARSE A LOS ACTIVOS DE CADA PAÍS EN PARTICULAR.*

## Regeneración democrática

### No bastan los criterios morales para afrontar la nueva realidad

Desde el punto de vista de la experiencia democrática, las demandas regeneracionistas de los ciudadanos pasan por exigir instituciones y comportamientos políticos que se adecuen a una estricta moralidad pública. Se trata de valorar lo público como patrimonio común de los ciudadanos y de asumir que las leyes obligan tanto a quien las hace como a quien debe cumplirlas, desvaneciendo cualquier sospecha de impunidad o de nepotismo. En esencia, se trata de garantizar la transparencia de las decisiones públicas y de publicitar las alteraciones patrimoniales de políticos y allegados[150].

En la sociedad poscapitalista las exigencias para el ejercicio de la política van más allá de exigencias morales o representativas. Sigue exigiéndose representatividad, transparencia y capacidad para ofrecer alternativas cuando prevalezca la incertidumbre.

Cualquier persona experimentada puede ser un buen representante político de la Administración local, si cuenta con el beneplácito de sus conciudadanos, pero las condiciones para gestionar políticas de interés general acaban siendo más exigentes, a menos que se confíe en los técnicos de la Administración para tomar decisiones. Se precisan personas con formación interdisciplinaria para las que su experiencia personal sea más relevante que los conocimientos académicos de cualquier "experto".

> El Proyecto definitivo no existe: son tantas las ventajas como los inconvenientes. No se busca lo ideal, sino mejorar lo posible

La responsabilidad del político es la de adaptar sus decisiones al compromiso comprometido con los ciudadanos. Cada político tiene que atender una doble servidumbre: la debida a sus conciudadanos y la comprometida con sus electores, en relación con el Proyecto promovido por su partido en las correspondientes elecciones. La síntesis es una responsabilidad de cada político en particular y sus límites se encuentran donde no llega el contenido del Proyecto ni la demanda social que haya podido emerger como consecuencia de la gestión política.

---

150  Son criterios de aplicación en cualquier modelo económico o político.

# Partidos políticos

## Los partidos no gestionan poder sino prioridades e ideas

Los partidos políticos son instituciones que pertenecen a la sociedad, a su imaginario colectivo y a su historia. Cada partido tiene su propio ideario, mejor definido a través de valores que de su interpretación. El ideario no puede cambiarse, para que pueda ser un referente de generaciones del pasado, presente y futuro. Un partido puede desaparecer, pero no puede cambiar su ideario porque despojaría a parte de la sociedad de su referente institucional.

Los partidos son instituciones organizadas para elaborar ideas, diseñar estrategias y métodos de trabajo para la gestión de la sociedad. Se trata de ideas y de posiciones

> Quienes convencen a los afiliados, quedan legitimados para dirigir el Partido

políticas elaboradas desde el punto de vista del Partido y de su ideario. El debate se lleva a cabo desde la propia organización del Partido y son los que ganan el debate, los legitimados para traducirlo en realidad desde las Instituciones.

El funcionamiento interno de los partidos debe ser democrático, lo cual significa que no se permite la coaptación[151] y que los estatutos de los partidos deben tener cláusulas de salvaguarda para que cualquier militante pueda denunciar la coaptación, e invalidar cualquier discrecionalidad de los responsables del partido en la designación de cargos.

El que gran parte de la opinión pública responsabilice a los partidos políticos de muchos de los aspectos de la crisis,

---

151 En España, hay demasiados responsables políticos designados por coaptación, contraviniendo los criterios que definen el funcionamiento democrático de cualquier organización.

significa que tiene que cambiar mucho la relación de los partidos con los ciudadanos, pero tales cambios no pueden suponer la anulación de una institución necesarias para elaborar políticas que requieran la participación multidisciplinaria de equipos de trabajo y la reflexión colectiva de personas que aporten su experiencia política.

## Debate ideológico

**La fuerza del debate ideológico se debe a su capacidad para gestionar sentimientos reconocibles**

La característica sustantiva de los discursos ideológicos dependía de los valores utilizados para legitimar unas u otras políticas. La derecha, tradicionalmente representativa del Poder instituido, consiguió identificar sus posiciones con la libertad personal, política y de mercado y la izquierda las legitimó en nombre de la paz, la solidaridad o la igualdad de oportunidades.

Ese ha sido un modelo coherente con la más ancestral forma de razonar: bueno o malo, blanco o negro, de derechas o de izquierdas… En tales condiciones, el mensaje reduccionista emitido desde el Poder instituido se sigue expresando en los siguientes términos:

El Mundo se divide entre incondicionales partidarios de la libertad y aquellos que pretendan condicionarla con uno u otro pretexto.

Las aportaciones del poscapitalismo suponen reformular la forma de posicionarse bajo un punto de vista ideológico. Esas serían sus principales aportaciones:

- No hay políticas intrínsecamente buenas o malas. Dependen de cómo se apliquen y de las consecuencias producidas por su aplicación.

- La valoración de las políticas en función de sus objetivos, permite introducir más matices en la definición de las políticas y razonar sobre eventuales consecuencias.

- Las políticas nunca son inequívocas porque el buen funcionamiento de la sociedad nunca depende de una determinada forma de hacer política, sino que tiene que compatibilizar objetivos dispares y, en ocasiones, de naturaleza distinta.

Para afrontar los retos de la sociedad española, tendríamos que maximizar el crecimiento económico y la cohesión de la sociedad, reduciendo el paro. Para la ideología capitalista, el empleo depende del crecimiento económico aunque esa sea una creencia desmentida por los hechos: se crean puestos de trabajo con nuevas actividades competitivas y eso es lo difícil cuando compites con una desleal economía internacional.

Lo que hemos aprendido con la crisis es que no puedes gestionar la sociedad a través de variables que ningún gobierno puede controlar.

EL CRECIMIENTO ES CONSECUENCIA DE UN RENDIMIENTO PRODUCTIVO QUE EL CAPITALISMO HA RENUNCIADO CONTROLAR.

Para el poscapitalismo, la conjunción de dos objetivos de naturaleza distinta supone diseñar el proceso que permita la simbiosis entra ambos objetivos. Esa es una forma de adaptar el desarrollo técnico al lugar donde debe aplicarse. Se trata de la conjunción de rendimiento y adaptación que hemos definido en términos de eficiencia.

## *Opciones estratégicas*

### Son las que afectan a la interdependencia de cada país con respecto a los demás países del Mundo

Seguimos dependiendo de estrategias elaboradas por los Aliados tras la II Guerra Mundial, pero la realidad de hoy nada tiene que ver con las preocupaciones defensivas e ideológicas de mediados del siglo XX. En el siglo XX, la gestión del Mundo era una cuestión de poder, económico-militar. La gestión del siglo XXI está dependiendo del papel asignado a las empresas multinacionales que controlan las transferencias de recursos o la información que circula por las redes intercomunicadas de todo el Planeta. Esa es la nueva realidad política:

• Ninguna gran Potencia está en condiciones de ejercer su hegemonía y

• Pocos son los países que puedan sentirse capaces de dirigir el futuro de sus ciudadanos.

Esas son las consecuencias de la Mundialización económica promovida por los EEUU y sancionada en la cumbre del G-7 de 1943. Entre sus consecuencias destaca el recurso a criterios ideológicos neoliberales para sortear limitaciones constitucionales tan básicas como el reconocimiento universal de la soberanía popular.

Se conculca la soberanía popular cuando los tratados dejan en manos de terceros la capacidad para dirimir diferencias de interpretación. El abuso resulta más escandaloso en las relaciones entre multinacionales y países subdesarrollados.

No puede haber una respuesta mundial contra la crisis mientras prevalezca la inestabilidad económica y la ausencia de alternativas

La mundialización hace depender la supervivencia de cada país, del funcionamiento de una economía mundial que depende más de las decisiones empresariales multinacionales que de la política decidida por cada país o grupos de países.

## *Las expectativas*

**El Poder sigue confiando en la demanda de los países emergentes para proseguir el desarrollo económico de los países desarrollados**

Es de esperar que, muchos de los errores cometidos por los países desarrollados, serán cometidos por los países emergentes. Por tanto, las expectativas de una creciente demanda se verán afectadas por inevitables correcciones y regulaciones que afectarán al crecimiento de la demanda de los países emergentes. Eso es lo que acreditan los hechos, con el añadido de que tales países se encuentran cada vez más capacitados para atender su propia demanda interna.

> El principio de Pareto se aplica aunque no haya crecimiento económico, transfiriendo rentas de los más necesitados a los más ricos

Mientras tanto, aumentan las desigualdades entre los países y acaban siendo abismales las diferencias entre los más ricos y los excluidos de cada sociedad, como consecuencia de la crisis. Mientras, los efectos de la crisis son distintos en cada país[152] y lo mismo sucede con las recomendaciones de organismos internacionales.

Entre las conclusiones que podemos advertir de la experiencia proporcionada por la crisis, destaca que, si una misma política produce efectos distintos, tendremos que asumir que:

---

152   Aspecto ya reconocido por instituciones tan acreditadas como la OCDE y el FMI.

*NECESITAMOS ADAPTAR LAS POLÍTICAS ECONÓMICAS*
*A CADA SITUACIÓN EN PARTICULAR.*

Cabe añadir, además, una conclusión deducida a través de las aportaciones del poscapitalismo y ésta se refiere a que:

*LAS DOCTRINAS DISEÑADAS PARA GESTIONAR EL CRECIMIENTO ECONÓMICO, NO SIRVEN PARA GESTIONAR LA AUSENCIA DE CRECIMIENTO.*

## Unión Europea

**Como consecuencia de la crisis, crecen las posiciones contrarias al proyecto político de la UE.**

El proyecto político europeo, fue diseñado tras la II Guerra Mundial para poner fin a la tradicional confrontación entre las potencias europeas. Se decidió optar por la unificación de intereses en vez de promover su confrontación competitiva. Lo que no deberíamos olvidar es que la filosofía de la Unión, no es cuestión de intereses sino de voluntad política. Se trata de optar por lo que nos une, en vez de optar por lo que pueda distanciarnos.

El Proyecto europeo también fue una operación geopolítica para afrontar las amenazas de la Guerra Fría, razón por la que OTAN y CEE fueron interdependientes, aunque no se dijera en ninguno de los Tratados.

Si no contamos con un crecimiento económico sostenido, las interdependencias deben ser recíprocas

La fuerza de la Unión Europea no depende de oportunidades históricas sino que reside en su Proyecto de unificación política y su debilidad reside en que la Unión Europea se ha hecho dependiente de políticas económicas basadas en criterios ideológicos. La convicción democrática debería prevalecer sobre las opciones ideológicas, pero la experiencia ilustra lo contrario. Desde Europa y otros organismos internacionales se ha impuesto un modelo de crecimiento basado en la competitividad[153] internacional de las actividades económicas.

La crisis insuperable es la dependencia de la economía europea respecto a la demanda de bienes procedente de terceros países. Es evidente la interdependencia de cada país respecto a otros, lo suicida es que la magnitud de la interdependencia, impida que la Unión pueda ser dueña de su futuro colectivo.

## *La encrucijada*

### La política permite unir a las personas, la economía las distancia

La crisis da lugar a que la historia se suceda con un ritmo superior al que estamos habituados a digerir: si no reaccionamos, seremos barridos por los acontecimientos.

Ha sido la historia la que ha permitido desarrollar un modelo de Europa en la que unos u otros nos hemos hecho dependientes de los demás. Ese ha sido un modelo de éxito cuando ha iba acompañado de crecimiento económico. Sin demanda suficiente y sostenible, el futuro de la Unión depende de sus recursos, desarrollo y conocimientos...

- Europa se hizo dependiente de la ayuda de los EE.UU.

- En España se creía que en la Comunidad Europea, se resolverían sus atávicos problemas.

---

153  Así se establece claramente en el Tratado de Lisboa.

- Había países que pretendían expansionar su mercado y
- Otros países apostaron por depender de la ayuda económica para su desarrollo.

La primera lección que hemos aprendido de la crisis es que, cada país debe resolver sus propios problemas, con independencia de la ayuda económica que pueda recibir de sus socios

> La experiencia nos enseña que las crisis no se resuelven con soluciones económicas sino con decisiones políticas

comunitarios. Las ayudas condicionadas acaban legitimándose gracias a la complicidad de un proyecto económico común[154] y en su ausencia es difícil legitimarlas.

El futuro de la Unión Europea dependerá de su capacidad para encontrar una salida común o diversificada, ortodoxa o heterodoxa, en la que no haya vencedores ni vencidos. A menos que sea con grandes dosis de pragmatismo, no conseguiremos mantener vivo el Proyecto de la Unión Europea porque hemos enfatizado demasiado los intereses económicos, olvidado que los proyectos políticos surgen de la necesidad de consolidar lo que nos une para estar en las mejores condiciones para protegerlo y compartirlo.

La economía es un instrumento de la política. Tal como se pone de manifiesto a través de la historia[155], sin regulación política, la economía puede suponer abundancia para hoy y penurias para mañana.

---

154  La política monetaria ha sido la razón más importante de las ayudas, en defensa del euro o de la estabilidad de la economía respecto a los mercados.

155  Las uniones políticas siempre preceden a las uniones económicas, con la excepción de la Unión Europea, que se instituyó al amparo de los EE.UU. por razones geopolíticas.

## Cuestión estratégica

Si pudiéramos contar con la seguridad de que conseguiremos mantener un crecimiento económico suficiente para redistribuir los recursos aportados por el crecimiento, no habría necesidad de plantearse una estrategia política distinta.

La opción estratégica se plantea en términos muy simples e inequívocos:

- Si la expansión del mercado no garantiza el crecimiento económico, necesitamos avanzar en la unificación política para consolidar el Proyecto europeo, aspecto mucho más importante que cualquier interés económico ocasional.

- Sin crecimiento económico, no nos queda otra alternativa que adaptar la sociedad a los recursos humanos y materiales que tenemos. Eso es lo que se pretende hacer con la sociedad poscapitalista.

Quiero mostrar mi más sincero agradecimiento a mi primo Jordi Triginer Solé por la colaboración y ánimo prestado a lo largo de todo el tiempo de elaboración de esta obra.

# Índice